建築アトリエ Treppen 照屋 寛公

記憶を刻む
おきなわの風土を楽しむ
家づくり

ボーダーインク

目次

■本書は、琉球新報『共に考える住宅デザイン』（二〇〇二年〜〇五年）、タイムス住宅新聞『フォトCafé』（二〇〇六年〜一四年）で連載したものに加筆・訂正したものです。

Befor
'96 10

After

After

リフォーム全国賞と台湾の神

家中、足の踏み場もないほどの「蔵書の山」……。最初に紹介したいのが、大規模リフォームで生活が一変したこの住宅である。

建築設計のアトリエを独立開設して間もないころの話。何ヶ月も設計依頼の相談がない。気分一新にと隣国の台湾へ旅にでた。台中の原住民とされている人々の住む集落などを見て廻った。最後に霊験あらたかで有名な龍山寺にお参りしてきた。

帰国したらアトリエに留守電が入っていた。早速お参りのご利益かと胸が高鳴った。電話の相手は、以前から親交のある大学の先生である。自宅を訪ねて話を伺ったら、リフォームの設計依頼であった。

官舎住まい、ご夫婦教員、子ども一人の家族構成。犬を飼いたいという子どもの夢を叶えるために中古の建売住宅を購入したのが七年前。当初はそれなりに広々とした生活であったようだ。その間に末の子が生まれ四人家族になった。職業上、とめどなく蔵書の数は年々増え続けた。購入時に子ども部屋に充てる予定の二階の部屋は本に占拠されてしまった。そして二階から本はあふれ出し、階段のステップに積み上げられた状態になってしまっていた。

二階フロアの半分が増築可能な造りになっているのは、設計スタート時に確認できた。施主は、そのスペースを書架に充てれば住まいの不便さがすべて改善されると考えていた。しかし、それだけで問題が解決しないことが住まいを一巡してわかった。原因は本だけではなかった。住宅を購入した時点に、すでに住まいとして問題があったのである。

構造体は丈夫でしっかりしているが、各部屋に必要な収納スペースが圧倒的に少ない。部屋に納まるべきモノが次第にオーバーフローするのは当然。夫妻が教員ということもあり蔵書が多く、二階への階段の踏み板にも本が積み上げられ、家中足の踏み場もないほど本の山であった。

おまけに間取りが機能的でない。部屋を経由して目的の部屋に行くという間取り。部屋に独立性がないのである。ほとんどの部屋は、昼間から人工照明に頼る閉鎖的な家になっていた。さらに水周りが住まいの中心に位置し、換気・メンテナンス上もさまざまな問題があった。

建物の内外共に問題が山積の家であった、しかし解体して新築し直すほどではなかった。施主提示の予算では問題解決は厳しいと思ったが、その場しのぎのリフォームでは、リフォーム後に、後悔が残ると考えて、柱、梁《はり》、壁など、構造的に必要な部分をチェックし、この際住まいの不便さを一掃した快適な住まいをダイナミックなリフォームを提案しようと思った。

一週間後に、スケッチと簡単な模型を持参し、間取りを全面的変える大胆な案を提示したら、夫妻は案に大いに満足し喜んでいただいた。

しかし提案の概算は、当初予算を超過してしまった。夫妻は、二人が想定した以上の提案を大変気に入ってくれたのであろう、予算超過を承諾していただいた。が、しかし三つの条件が提示された。

最初の条件は、職場への通勤や子どもの通学を思うと仮住まいは出来ず、何とか住みながらのリフォームにしたい。二番目の条件は細部にわたり家族全員の住まいへの希望を実現する事。ここまでは設計者として、おおよそ想定もしていた。ところが、最後は全くの想定外の条件で驚いた。

「設計者であるあなた自身が不満を残さない十分に満足した住まいの設計であって欲しい」

と言われたのである。長くお付き合いがあり信頼関係があったこともあろうが、おそらく筆者のアトリエ開設最初の仕事という事もあり、思いっきり最善の設計をして施主を満足させてほしいとの想いがあったのだろう、最後の条件には泣けてしまった。

リフォームが終わると、結果、全ての部屋が機能的で収納力たっぷりの、開放的で明るい住まいに変身した。

天井高四・五メートルの開放的な大空間「ライブラリー」は、家族で研究・勉強できる部屋とした。外に面する壁面をほぼ全面書架にして一万四〇〇〇冊の本が収納できるようになった。一・八メートル四方のゆったりとした中央のテーブルは、家族全員で機能的に使用できるように造り付けにした。

二階には子ども部屋が二室できた、そして成長に応じて簡易なリフォーム行いライブラリーが水平に拡張できるように、今回のリフォームで将来の住まい計画まで行ったのである。

住まいは家族構成・ライフスタイル・価値

観によって様々と変わる。新築の場合には、その希望は大よそかなえられることが多い。しかし、中古住宅を購入した場合には、すでに問題が発生していることもある。間取り・耐久性を慎重に検討して購入することは当然と思う。大切な事は、単純に家屋としての判断だけでなく、施主の趣味個性も活かせる可能性も大いに追求すべき時代になってきた。

住まいが完成し、偶然知った全国規模の住まいのリフォームコンクールに応募してみた。現地審査を経て一ヶ月後に東京から電話が入った。「全国住まいのリフォームコンクール・センター理事長賞受賞」の知らせであった。かくしてアトリエ開設の初仕事は苦しい時の神頼みと、施主の心温まる想いで完成したのであった。

東シナ海を望む家

首里の高台に建つ一戸建ての住まい。幸いにもこのあたりは緑豊かな自然が今でも残っている。新築当時には、周りの豊かな自然をさほど意識せずに造った家のように思えた。那覇に建つ住宅にしては敷地がゆったりとし、庭先空間も申し分ないほど恵まれた環境にあった。一階は年老いた両親、二階は施主所帯の二世帯の住まいであった。二階は就学期の子ども達に各自部屋を与えられる暮らしであった。

リビングダイニングを東シナ海に望む空間へとリフォーム

ところが、子ども達が進学独立し巣立った後、数ある個室は物置同様になってしまった。リビング、ダイニング、そして夫婦寝室は、広さ的にはゆとりがあり一見、生活に不便は感じられなかった。ところが暮らしぶりを聞いていると、不便さを次第に実感するようになった。家の周りの豊かな自然環境に気づかず、そして取り込むことも意識せずに暮らしてきたのであった。これまで子育てに精一杯でそのようなゆとりがなかったのだろう。子ども達がほぼ独立し、年老いた両親を看ながら退職後の将来の暮らしをプログラムしたリフォームを提案した。

リフォーム前の暮らしでは、東シ

ナ海に浮ぶ美しい慶良間諸島は夫婦の寝室からのみ見えて、昼間の東シナ海の魅力的な景色を家族で楽しむことができない間取りになっていた。リフォームでは、リビング、ダイニングから日中、夕景を眺望できるようにした。全長一六メートル幅の三方パノラマの窓から東シナ海を見ながら暮らせる提案をした。幸いにも海側の隣地は下り傾斜になっていて、将来もこの景観は変わらないだろう。

　二階の部屋を全面的にリフォームし、涼しく快適な部屋にすること、周りの自然を取込む事、そして東シナ海の景観を楽しめる間取りにした。二階へ既設の内部階段も生かしながら、新たにらせん状の二階への専用階段を設置した。その階段は、庭先の豊かに茂った緑の中に溶け込むようなつくりになっていて、上がりつめると眼前に慶良間諸島が目に飛び込むような仕掛けにした。

　完成後、見晴らし抜群のこの家は『東シナ海を望む喫茶店』として有名になっている。

　この家は、子ども達が独立し空いた部屋をゆとりのある空間に変え、同時に土地環境のもつ魅力を再発見し、それを活かして退職後の暮らしまで計画したリフォームである。

　リフォームは単純な不便解消にとどまらず、将来を見据えた夢の広がる計画まで求められる時代になってきている。

住み継ぐ家

「角《つの》出し住宅」という表現がある。県外の人が初めて耳にすると「怒り狂った人の住まい」と勘違いしそうな物騒な言葉である。もちろんそうではなくて、新築時に二階部分に将来の増築の可能性を残して造った住宅のことである。二階の四隅から一メートル少々突き出した柱が角状に見えることから付いた名前である。

戦後、自宅を入手して十分満足な時代があった。そして建築技術の進歩によって建物の耐用年数が数段に延びた。将来の増築を考慮して法的・経済的にゆとりの範囲内で造った住まいが「角出し住宅」の歴史的な背景である。そのバリエーションも、平屋で屋上部分全てに「角《つの》」がある場合、あるいは二階の一部は部屋で残りがテラスの場合など様々である。

この住宅は二階建ての住まい。一階は一番座、二番座を構えた伝統的な平面構成、二階には子ども部屋が四室＋テラスがあった。いわゆる「角出し住宅」に類する造りであった。二階は子ども達が順次独立し全ての部屋は物置同然になっていた。

二階に住んでいた施主は結婚と同時にアパート住まい、子どもも三人生まれ五人家族となって手狭な暮らしであった。育った家を取り壊し新築をと考えた、しかし構造体はしっかりしていて両親のライフスタイル上なんら問題はなかった。取り壊すには忍びなかったのである。かつての子ども部屋、そし

2階子ども部屋をリフォーム、完成後の子ども所帯のダイニング

てテラスを含め二階の柱・梁を残して全て改築することにした。

一階の両親の住まいの玄関とは別に、南側にらせん階段からアプローチする二階専用の玄関を造った。それは、お互いの所帯の来客への配慮からである。元々の一階と二階を結ぶ内部階段はそのまま残し、年老いた両親所帯との連続性を意識した造りとした。伝統的な平面構成の一階とは異なり二階は若夫婦の住まいらしくモダンなデザインにした。

高台という立地条件を活かし見晴らしのいい位置に住まいの核となるリビング・ダイニングを設置。まだ幼い子ども達の部屋は当分オープンスペースとした。成長によって部屋が臨機応変に間仕切り可能なように、照明・ＩＴ機器配線等を十分プログラムした造りにした。

将来、世代交代の時期になって、夫婦が一階に住み、二階は次の世代に継いでいくことが可能な住まいが実現したのである。

ヨーロッパでは住宅を幾世代も住み継いでいくことが多い。我々現代の住まいも新築時に将来を見すえたプログラムをきちっと構築する必要があると思う。そうすれば住宅を一世代の短期間の消費物にすることなく住み継ぎすることが可能になるであろう。また、そのような建築が求められる時代になってきているのではないだろうか。

趣味空間を創る

戦前・戦後の夫婦が二人で過ごす時間を比較した興味深いデータがある。戦前は二〜三人、多くて六人の子どもを出産する、戦後は一〜二人。その後、末の子が独立し夫婦二人で過ごす年数は戦前で一〇年程度、戦後は二〇年〜三〇年という。

二人で過ごす年数が戦後は二、三倍も延びたということだから驚きである。極端に言えば、戦前は子育てで一生を終えたと言っても過言ではない。

ところで、延びたと言えば飛躍的に延びたのが、戦後の建築の耐用年数である。戦前の沖縄の住宅建築は木造建築が主、毎年くる強烈な台風に雨漏り、建物の破損で我々の先人は毎年泣かされたに違いない。

戦後は、建築構造体が木造から鉄筋コンクリート造に変わり、その頑丈さは比較にならない。近年、建築技術・性能品質ともに格段と向上し、最近まで議論になっていたバリアフリーは、ほぼ完璧になってきている。

さて、夫婦で過ごす年数と建物の耐用年数いずれも延びてきた。意外にも両者には密接な関係があるのである。

子どもが就学時期になって部屋を確保するために急きょ住宅建築の計画を決意した。これはよく耳にする話である。

しかし、その子どもも独立し残った部屋は、現在どうなっているだろうか。物置同然になってはいないだろうか。建築の耐用年数が延びてきたと同時に子どもの独立時期も早くなってきている。その結果、活用されない部屋を放置しながら窮屈な家の中、夫婦で長い年数過ごすことになっていないだろうか。

住まいづくりは家族にとって一大事業であることは戦前も今日もかわらない。しかし建築の耐用年数が延びてきた今日、住宅に少々手を加えることで夫婦の第二の人生に大いに活用できる空間ができたらどうだろう。

その計画を子どもの独立時に始めるのではなく、新築時にすでに意識してスタートしたいものである。夫婦共通の趣味があれば結構なこと。別な趣味であればまたそれもいい。

最近、設計依頼のときに施主夫妻の趣味を詳しく尋ねることにしている。「私達は無趣味なんです」なんて話している二人も、話をしてみると庭いじり・カラオケ・アマチュア無線からプロ顔負けの水中写真まである。

このところ建築家として新築時に必ずささやかな趣味空間を創ることを提案している。そして子どもの独立後は、住まいの一部を趣味空間に変わる仕掛けを当初の設計にプログラムしているのである。

家族にとって「新築の住宅設計」は、同時に夫婦の「第二の人生設計」スタートの千載一遇のチャンスでもあると思っている。

全国住まいのリフォームコンクール受賞（1999 年）

伝統家屋をヒントにして

玄関からリビングにつながる廊下、室内の各部屋の壁面、窓以外の壁面すべて本棚が設置されていて、家中蔵書と新聞資料等で埋め尽くされた家のリフォームをすることになった。

子どもが巣立ち、築三四年の住まい。外壁の塗装などメンテナンスもこまめに行われていて壁に亀裂など見当たらず構造上は何の支障もない。分散した本だけが問題であった。家はキッチンなど水回りと夫婦の寝室・書斎、帰省の子どものための部屋、食卓・居間そして玄関の二五坪の平屋である。

まず蔵書を一か所に集中させて、効率よく設置することを考え、図書館の閉架書架のように可動の書架とした。そして書架間の通路部分を極力減らすことにした。増築をすれば工事費用が増大する。……部屋を一つ無くすことはできないだろうか。

そこで思いついたのが玄関であった。玄関を無くして隣接していた書斎と合体して書斎空間を広くすることにした。一〇トンの重量にも耐えられるようにコンクリート製の架台を造った。

食卓、居間の延長には新築時に植えた黒木が平屋の軒先を超えるほどに成長していて、家に接する小さな雑木林のような雰囲気になっていた。玄関を無くしはしたものの、やはり家へのアプローチは必要である。そこでその雑木林に木々の下をくぐりながら踏み石にそって住まいに入る仕掛けを考えた。

全国住まいのリフォームコンクール受賞（2013年）

そのアイディアのヒントは沖縄の伝統家屋にあった。伝統家屋には玄関が一般には存在しない、「ナー」と呼ばれている庭先から各座に入るつくりになっている。この家もそのようなつくりにして直接客を居間に迎え入れるようにしたのである。

この住まいは筆者の高校時代の恩師の家。退職前は夫妻とも高校の教師である。「桃李《とうり》成蹊《せいけい》」という故事がある。桃やスモモの下には、花の美しさや実に引かれて人が集まり自ずと道ができる、徳のある人のもとには、その徳を慕って自然と人が集まるとのたとえである。

伝統家屋の特徴である家屋と庭との連続性と故事のコンセプトが評価され、二〇一三年の全国住まいのリフォームコンクールで優秀賞を頂いた。

柱のキズの話

沖縄の民話にこういう話がある。

高名な親方《ウエーカタ》が自分の家を建てることになった。慣例の大工仕事の終わりの酒・ご馳走を出すことを一切しなかった。大工は腹いせに、最も重要な床柱を上下逆さにした。そして家は落成の日を迎え、家族や親戚が集まり、祝宴の用意をしていたら、親方はそれも断った。ところがである。親方は、これまで飲まさなかった酒やご馳走の代金として、まとまったお金を、大工にお礼として渡したのである。

さて、困ったのは大工である。あの床柱をなんとか立て直せねばならぬと思案し、お礼と称し「刀の舞」を披露しますと、舞い始め、エイ！　と一声をあげて、柱にキズをつけた。すかさず侘びをし、柱を取り替えましょう、と申し出た。ところが、親方はその心中を既に知っていて「変えてはならぬ、そのキズも大工のつけたキズ、名誉なことじゃ」と言ったという。

柱のキズと言えば、つい先日完成したリフォーム住宅のこと。

家の各部屋の壁面を本が埋め尽くす家で、住まいか図書館か判別のつかないほどの暮しであった。子どもが独立し活用しにくくなった部屋を巧く生かしながら、元々の玄関の位置変え、一部屋を広々とした書斎とした。一万冊以上収蔵できる可動書架を設置し、快適な住まいが完成間際となった。ところが、施主から思い出したように要望があった。リフォームの解体工事の折に、たまたま取っておいた一本の既存の柱があるので、この柱をどこかに取り付けて欲しいというのである。

理由を聞いてみたところ、その柱は「せいのたけ」であった。この家で育った子ども達、いとこ達がこの家に来て、皆で背比べをしてキズつけた柱であった。リフォームをしていると聞いたいとこの子ども達が、「幼いころつけたあの柱をリフォーム後にも残して欲しい」と申し出があったというのだ。

「せいのたけ」の柱、リフォーム後は玄関に設置

ひとつは大工のつけたキズ、そのキズを寛大な気持ちで許す親方の優しさ。一方は巣立った子ども、いとこ同士の思い出の詰まった柱のキズ。

何事にも新品・クオリティの高さを追求する昨今、この二つの柱のキズに共通する家への想い、豊かさ、人と人とのつながりや優しさを感じる。新築同然になったリフォーム後の家、広々とした玄関脇に思い出の詰まった柱が、いとこ達を迎え入れてくれている。

限りある資源

「ラワン」という言葉はタガログ語で「豊かな森」という意味である。ラワン材の多くはミンダナオ島で採れる、もう六五％を伐採しつくしているというから驚きである。ミンダナオ島で伐り出されたラワン材の八〇％は日本で消費されている。日本の戦後復興や高度成長の背景には、南の島の荒廃の犠牲があった事を忘れてはならない。

コンクリート造の建築では、型枠としてラワン合板が使われる。また家具や床材や部屋の間仕切りそして家具に至るまで、ラワン合板は建物を築く際の主力な建築材料と言えよう。ラワン材や多くの建築材料を犠牲にすることなく建築を造れないものか。最も貢献できる方法のひとつが、建築のリフォームと思っている。建物の寿命を考える時、一般には物理的な耐久性が問題とされることが多い。ところが、その寿命を左右するのは耐久性よりも機能性の場合が実際は多い。使い物にならなくなった建物は、丈夫であっても壊されることになっているのだ。

さて、家中片付かない雑然とした家のリフォームをすることになった。広々としたゆったりした空間はあるものの、圧倒的に収納力の不足、既製品の棚類がバラバラに並んでいるのが原因。活用していない八畳の和室が家に中心にあった。また玄関に一歩踏み込むと家中が丸見え状態の住まいであった。和室の半分程度の収納スペースにして掃除機などの大きなモノから小さな家財道具までその一か所に収納可能なスペースを造った。残った

全国住まいリフォームコンクール受賞（2014年）

部分を活用し、天井材も取り外し天井高の高い明るく広々としたリビングにして縁側の広がる庭先にもつなげた。玄関の真正面には、「ヒンプン棚」を設計して目線の扉を開閉自在にして、自然の光や風を自由に取込む仕掛けにした、そのお蔭で来客の目線も気にならなくなった。また可能な限り間仕切りや扉で仕切ることをせずにすべての部屋が連続している風通しのいいワンルーム空間にした。

建て替えも視野にあったこの家は構造体が丈夫であった事で、その部分には手を加えることなく知恵と工夫で機能性を向上させ快適な住まいが実現できた。使った建築材料などわずかで済んだ。その知恵や工夫が評価され、この家は、今年の全国住まいのリフォームコンクールで優秀賞を受賞している（二〇一四年・八回目）。

リフォーム考

リフォームに共通の誤り

アトリエの設計の多くは新築の住宅であるが、ここ数年リフォームの依頼が増えてきている。茶の間で人気のテレビ番組「大改造!劇的ビフォーアフター」の影響もあろう。昨今、リフォームブームである。

この不況で土地を購入し、新築でマイホームを手に入れることは、現実的に厳しいというところか。また都市部で手ごろな土地が入手しづらい事情もあり、既存の家を購入とか、親の家の空いている二階をリフォームして、親と半同居も増えている。リフォームが建築業界で締める割合が多くなってきているのは間違いないようだ。

リフォームの依頼主は、アトリエに最初に訪れた時、共通して明るい表情をしていない。住まいに限界を感じ苦悩しているからか。共通と言えば、リフォームの依頼には、不思議と共通の「誤り」をしていることが多い。その誤りは三つほどある。

一番目は、リフォームを一度ではなく複数回経験していることだ。

これは住まいに潜む不便さの原因を根本的に解消しない「誤り」。施主の思いつきで工事の発注をし、問題の解決しないままリフォームを幾度か経験していること。

二番目は、工事の優先順位の「誤り」である。

ある夫妻は子どもの独立を機にリフォーム

を計画した。妻は二〇年も使い不便になったキッチンの取替えを希望。ところが夫は空いた子ども部屋を書斎へ変えることを要求したのだ。夫の要望に屈した妻は自分の望みをあきらめて書斎は完成した。しかし夫は毎晩帰りが遅く、休日はゴルフなどでせっかくの書斎も無用に長物になってしまった。明らかにリフォームの順序を誤った結果である。毎日使うキッチンのリフォームをまず最優先にすべきである。

そして三番目は、ライフスタイル変化の「読み誤り」である。

今日、進学等で子どもが県外に住むことも多く、親離れ独立の時期が早い。時には親の介護をすることにもなる。ライフスタイルの変化に柔軟に対応できる間取りや暮らし方を、最初のリフォームで計画しておく必要がある。この方法は、後々大きな費用をかけないリフォームにもつながる。

リフォームは新築の住まいに比べ、不自由・不便なか所が特定しやすくわかりやすい。

しかし、その分様々な誤りに陥ることも多くなる。同じ誤りを幾度も繰り返し、気がつけば結果的に無駄な費用をかけてしまっていたという事例をよく見かける。

先々を見越した誤りのないリフォームを心がけたいものだ。

リフォームは拙速を避けて

築三〇年ほどの家、夫婦・子どもの三名暮らしの若夫婦が四五坪ほどの家を購入した。以前は外人専用の賃貸の住まいで、何代にも渡って外人が住んでいたようだ。週末ともなると庭先でパーティをすることも多かったと聞いていた。さぞかし、庭先を有効活用できるつくりになっているのだろうと思いながらリフォーム前の家を訪ねた。

しかし、期待の庭は、雑然としたただの芝生の庭であった。それより驚いたのは、玄関が建物のほぼ中央にあり、来客は玄関に到達するまでの間に、室内リビングの家族と視線が合ってしまうことであった。

リフォームの設計を

全国住まいのリフォームコンクール受賞（2012年）

過去に何度か依頼されたことがあるが、このようなつくりの家に何度かであったことがある。住まいは、玄関などパブリックな空間からリビング・寝室など、プライバシーの高い空間への軸線を基本にすればこのようなことは起きない。

おそらく、この住宅が建築された当時は、住み心地とか使い勝手は二の次で、ＬＤＫの個室部屋数の多さを第一目的にした結果、このような住まいが出来たのだろう。今日のように少子化で家族の人数も少なくなってくると部屋数より快適性やエコロジーなど重視すべきことも変わってくる。

あるリフォーム雑誌にリフォーム後のアンケートに興味深いデータが載っていた。五割程度の人が、リフォーム後に不満を抱いているという。その原因は、施主の思いつきで、工事業者に直接依頼しているところにあるらしい。つまり、リフォーム前の問題点を解決せず、拙速に工事を発注してしまった結果である。おそらく、先ほどの家も玄関の位置を変えずに、室内外をリフォームしたなら、おそらくリフォーム後に不満が出たのは間違いない。

新築に比べリフォームは手軽に工事が出来るという安易さから、リフォーム後に後悔してしまう落とし穴がある。住まいのリフォームには慎重さが求められる。

「減築」で快適な家に

住宅のリフォームで、不満な点をリストアップすると、「収納がなく家が片付かない」「部屋が狭い」「部屋が足りない」などが挙げられる。

そこで一般的に思いつくのが、増築である。家の脇に屋根を設置して増築し、問題点を解決しようと考えるのが以前までの住み手のリフォームの考え方。しかし、現在の建築基準法では、増築はおいそれと出来ない。既存の建築が現行法規にそぐわず、既存建築の増築はかなり厳しいのが現実。

そこで、あえて増築はせずに「減築」でリフォームをした事例を紹介しよう。

この家は、キッチンダイニングが家の片隅

に追いやられ、リビングが玄関廊下を介して隔絶していた。食事終えた家族はリビングへ移動、主婦は独りキッチンで食事の片付けと、家族の顔が見えない状態であった。そして、さらなる問題があった。午後は夕方まで家中に西日が差込み、居たたまらない。また、主寝室はリビング脇の和室を当てていて、個室とは程遠いプライバシーのない家。水周りの脱衣室・浴室・トイレは、暗い中廊下を介して家の北側に面し、家中湿気の多いジメジメした暮らしが、リフォーム前の生活環境だった。

設計の依頼の際、考えたのが増築ならぬ「減築」である。

柱、梁など主要構造部には工事で手を加えず、キッチンダイニングのブロック造の壁部分を撤去して、建築の一部

減築リフォームで綺麗になった玄関先

を外部化して駐車場とした。また、西日の差し込む位置に脱衣室・浴室・トイレなど水周りを配置し、その外部側に坪庭を設け、外からの視線と西日をカットした。キッチンダイニング、そしてリビングを連続させて、家族が常に顔を合わせてコミュニケーションの出来る家に変わった。

既存の庭先には新築時に植えたクロキなどが大きく育っていたものの、家の中から眺めるつくりになっていなかった。そのせいか庭は荒れ放題。その庭先とリビングをつながりのある一体空間にリフォームしたことで眺める庭に変貌。常にリビングから見えることで、常に手入れもいきとどき、見違える庭になった。

リフォームは、増築ありきと考えがちだが、この家のリフォームでは、逆の発想で中廊下など薄暗い場所をなくし、家の面積減らす減築をすることで無駄な空間がなくなった。そして家の各部屋が庭先まで連続的につながる明るく涼しい快適な家が実現できた。

応接間と居間

最近、住宅から「応接間」と呼ばれる部屋が消えてしまった。ウィキペディアによると、応接間とは、「来客を向え入れることを目的として家屋に設置される部屋（洋間）」とある。応接間は、戦後の日本人の生活スタイルが次第に洋風化してきて家に訪れる客をもてなす専用の部屋として求められた時代的な背景があるようだ。

筆者も石垣島の古い集落で生まれ育ったが、昭和三〇年代に造られた家は、いわゆる沖縄の伝統家屋で一番座・二番座そして三番座があった。ところが、伝統家屋と様相が違っていたのは一番座の前（南側）に応接間があって、来客はそこに通されていた。普段は使用されず、家族は三番座で過ごし、そこが食事や団らんの場であった。

その家も七年前に建て替えたが、一番座や二番座は存在するものの三番座は無くなり、同時に応接間も無くなった。そのかわり居間ができた。その場にはテレビがあって食後

応接間をなくして、リビングとダイニングがつながった

の時間を過ごす場であり、同時に来客をもてなす兼用の場にもなっている。

ところで、ここ数年リフォームブームである。共通しているのが、築三〇～三五年の家。さらに類似しているのが、子どもも巣立ち、退職後の夫婦が過ごす家のリフォームが多い。そこで、話題になるのが、当時造られた応接間である。

普段その場は、家族が過ごし、また独立し

た子ども達が、時々孫を連れて帰ってきて、家族が過ごす居間になっている。そこで、どの家でも共通の問題が生じてくる。当時つくられた居間は、来客を招く部屋であったために玄関に近くに位置し、台所・食卓とは離れた場所にあること。となると主婦は、調理や後片付けの際に家族の顔が見えず、孤独になってしまっている。リフォームの際、キッチン・ダイニング、そして居間を近接した住まいにしたいという声が多い。

今日、来客をもてなすパブリックな空間も、家族が過ごすプライベートな居間も同じ場所であって欲しいようだ。使用頻度の少ない応接間をあえて設けるより、常に家族の顔が見える広々とした居間のある暮らしを求める時代になってきている。

四度リフォームの家

三度リフォームに失敗した人がアトリエに訪ねてきた。

自分の判断で良かれと思い工事業者に依頼したが、解決にはならなかったというのだ。聞いてみると、北側の台所が狭く暑苦しい、家全体が片付かない。夫婦の寝室と大学生の子ども部屋も暑くて陰気な雰囲気というのである。

ある日、この夫妻は友人宅を訪ねた。その家は那覇の密集市街地に建つ狭小敷地三〇坪の四階建の住まい。敷地中央に四層吹き抜けの外部空間を設け、風を巧みに家全体に取り入れている。夏は涼しく冬は暖かい、都会の雑踏に建つ住まいとは思えない静かな暮らしになっていた。立地条件の厳しい環境を創意工夫で快適な住まいになっていたのだ。

全国住まいのリフォームコンクール受賞（2006 年）

この家を見て、素人判断のリフォームに失敗の原因があることに気がついたという。この家の設計者を尋ね、筆者との出会いになったのである。

さて、四度目のリフォームである。

家を訪ねて失敗の原因が見えた。南面に横連続の寝室を並べている。個室化を優先するあまり、家の北側まで風がぬけないことと圧倒的に少ない収納力などが失敗の原因であった。そこでダイナミックなリフォームを考えた。

風を呼び込む開放的で広々としたリビング・ダイニングを庭に連続し、屋外のウッドデッキにつなげた。二階には涼しく快適な子ども部屋と書斎。家全体に風と光が注ぎ込み、内外部空間の連続するなど方々に快適住まいへの仕掛けを考えた。

結果、四度目で大満足な家が実現したのである。

リフォームの失敗には、ある共通点がある。不便な部分の原因究明をおろそかにし、完成後に後悔してしまうこと。根本的な病巣を取り除かない工事は病気を再発させ、幾度も繰り返すことになる。

リフォームを計画する際の注意として、思いつきの依頼や不便なか所の原因究明をおろそかにしないことが、リフォーム成功のかぎと言えるかもしれない。

建物の健康を考える

建物の建康チェック

人間の健康チェックに対置して、建物の

〝建康《けんこう》チェック〟という造語を考えた。建築の建康チェックの有無が、どのような結果になったかを紹介してみよう。

偶然に、築三〇年経った住宅のリフォーム設計を同時期にする機会があった。A住宅、B住宅と呼ぶことにする。

A住宅は新築一〇年を過ぎた頃に外壁に少々ひび割れや汚れが目立ってきて、補修塗装をしたという。その後、生活・暮らしの変化に応じて室内の間取りをリニューアルする際、修繕も同時に行ったようだ。

一方、B住宅は、外壁の補修は一度も行っておらず、室内の間取りもほとんど変えていない。その理由として、いずれライフスタイルの変化が生じたときに、外壁も含めて一気に修繕も行う予定だった。

建築は、新築時の設計・施工の状況は異なり、立地環境や家族構成やライフスタイルの違いも当然。しかし、人間にたとえるなら生まれて三〇歳まで、一度も病院に行ったことのない人間はいないはずだ。幼い頃は、様々な検診・予防接種を受けさせられる。また、大人になれば健康診断や人間ドッグも受けることにもなる。その際に大きな病気を発見し一命を取りとめることもある。建築物も一緒ではないだろうか。

人間が老いていくのと同様、建物も新築の状態が限りなく続くものではない。病むことや老いもする。若さを維持したり、老化を遅らせたりするには、おおよそ三年から五年をめどに定期的な建康診断をお勧めしたいものだ。

さてA住宅とB住宅。いずれもリフォームの動機は、生活環境の変化が生じてきたこと、リフォームの規模も似ている。違いは、外壁・床板の修繕部分で、圧倒的にB住宅は大きい。全体工事費用がA住宅の約二倍近くになってしまった。定期的なメンテナンスを行わなかった結果はリフォームの際、工事価格に現れてくる。

ところで、カメラの絞りにあたる目の虹彩《こうさい》は、一般に西洋人と東洋人は違うらしく、そのせいで西洋人はほの暗い家で暮らすと言われている。しかし、家の洗面所だけは明るくし、自分のその日の顔色をチェックし健康確認をするというのだ。

常日頃から、自分の顔色チェック同様、建物の健康チェックを心がけるべきではないだろうか。早期発見や早期治療は、人間にも建築にもあてはまる。

中古住宅購入のチェック

今年はマイホームをと計画をめぐらしている人も多いだろう。しかし新築は、土地を購入し建築となると、資金的に厳しいのが現実。リフォームでマイホームの夢が実現できないものかと考えている人も少なくないと思う。

昨年(二〇一一年)の東日本大震災の影響で、日本中が倹約・節約モードにある。新築で大きな費用をかけるより、安価で家を入手し、我が家に合った家にリフォームをする動きが、今年は一層多くなることが予想される。しかしながら一方ではリフォームには様々な不安な要素がついてくる。

建築専門雑誌で興味深いデータが目についた。中古住宅に関するアンケートによると、千人中の約六四パーセントにあたる六三八人が「中古住宅は、品質や構造に不安があり、購入の障壁になっている」と答えている。ところが、その六三八人のうち、約八割の五〇四人は、もし、不安が解消されれば、中古住宅が買う気持ちにもなれると答えている。

その具体的な不安要素とは、①自分で品質や構造を確認する方法が無い、②住宅の劣化や構造そのものの情報がない、③購入後の問題が生じた場合に保証がない、であった。

劣化の程度や購入後の補修・リフォームに、どれほど費用を要するかがわかれば資金計画も立てやすい。先の見えない不安でリフォーム住宅に手が出せない声は、多いようだ。

中古住宅購入のチェックは、素人でも簡単に出来る方法が二点ある。一つは、建築構造体がしっかりしているかである。外壁や軒下の亀裂（クラック）、そして意外に見落としがちな部分が、室内で天井に隠れているコンクリートスラブ下である。外観だけでなく、天井内で見え隠れ部分のコンクリートクラックの有無や爆裂など、その劣化の程度をチェックすること。二つ目は、外壁の補修等のメンテナンスを行ってきたかの確認。極端に言えば、建物の善し悪しや建築の余命を決定づけていると言っても過言ではないと思う。この二点をチェックするだけでも、マイホームの実現性は格段に広がる。

ヨーロッパは石造建築だから建物を永く使い続けられると、コメントした人がいたが、それは誤解。ヨーロッパでは、建築を次の世代まで永く住み続けることは、決して珍しいことではなく、むしろ普通のことである。建築を永く使う事を可能にしている要因は、構造的な造りではなく普段のメンテナンスのたまものである。

震災後、スクラップ&ビルドの考えを改め、建物の寿命を永く持たせる文化が日本にも、そして沖縄にも根付いて欲しいと思っている。

我が家にも修繕積立費

テレビ番組の影響もあろうか、リフォームという言葉が耳馴れてきたのは。あるデータによると、最近は住宅の新築件数よりリフォームの着工件数が上回っているという。

筆者の設計事務所でもリフォームの相談が年々増えている。相談内容も増築、減築、ライフスタイルの変化で間取りの変更、さらに内装クロスの張り替えまでと実にさまざま。その中で圧倒的に多い相談は、構造上リフォームが可能か、つまりリフォームして何年住めるかということ。

先日も築年数約四〇年の家に伺った。

一見外壁に大きな亀裂は見うけられない。住人からリフォームしたい部分を伺った後、例によって建物の健康状態を調査した。

調査で重視している箇所の一つが天井裏。普段は人の目に触れない天井裏だが、天井裏のコンクリート構造体を見ると、この建築の工事時点での施工の問題点や新築後のメンテナンスの不具合等が実によくわかる。人間で言えば、内視鏡・胃カメラ検査のようなもの。

この家では、天井換気口が設置されておらず、天井内の湿気が長年の間にコンクリート構造体に浸透し鉄筋が腐食膨張、表面のコンクリートが剥落している。剥落したコンクリート塊は、天井を突き抜けて室内床に落ちる状態になっていた。定期的に天井裏を点検することをすれば、事態がここまで深刻にならなかっただろう。

建築に設置のエレベータや浄化槽は法的に定期検査が義務づけられている。しかし、住宅規模の建築の健康チェックは施主の自主性に委ねられている。マンションでは修繕積立費と称して共益費とは別に住人が費用を

リフォームで広々とした玄関に大変身

積み立てて、定期的に検査や修繕を行うのが一般的。我々の家でも月に五千円程度の積み立てをしたらいかがだろうか。年間六万円、そろそろ修繕が必要となる一〇年もすれば六〇万円の修繕資金となる。

大切な我が家、人体と同様な定期健康診断、人間ドッグを心がけるべきではないだろうか。建築も人間の体と同じように「治療より予防」が大切、最近リフォームの相談で毎回のように実感させられる。

住まいの緑と街路樹が連続した家

平屋で開放的な石垣島の家

姉妹所帯で共有の庭を楽しむ家

キッチンとダイニングがつながり、家族団らんを楽しむ

リビングに丸太梁のある家

南の涼風を取り込む家

玄関が夜景に映える家

大海原を望む家

沖縄の青く澄んだ空、エメラルドに輝く海を眺める暮らしを夢見る夫妻に出会った。

建築家と二人三脚の土地探しが二年間続いた。そして方々からの情報を元に三人で幾度も現地を訪ね歩いた。海を眺めると言ってもその景観は千差万別、海水に手を触れるほど近い海もあれば、遠くに潮騒が聞こえる海もある。

夫妻は空と海と周りの緑が暮らしに溶け込み自然と連続した住まいを望んでいて、やっと理想的な土地にめぐり合った。そこは古い集落のはずれに位置し、近くには抜群のロケーションを求めて移り住んだ人々の家が点在している。敷地は海に向かって傾斜し海辺に近い平坦な場所には集落の人々が耕すサトウキビ・野菜の畑が青々と茂っていた。眼下には緑そして大海原が一八〇度パノラマ状に広がり真東の水平線には真一文字に神の島・久高島が浮かんでいる環境。

さて抜群の景観と自然をいかに取り込むかが設計のポイント。当然ながら住まいのすべての部屋から海が望めるように考えた。その中でも最も気をつけたのは、生活の中心となるリビングダイニングである。そこは住宅の中央に位置し、しかも円形の空間にした。円の半分は海に向かってパノラマに開放し残りの半分が各部屋と連続的に結びついている。しかも部屋の間仕切りを可能な限りなくしているのである。

さらに海と住まいを強烈に結びつけている

リビングから久高島を望む家

のがリビングの前に設けたウッドデッキテラスである。幅一〇メートル・奥行五メートルと、敷地幅のほぼ全面を海に開放的に向けている。同時にデッキは浴室・寝室にも接していて生活空間すべてがデッキを通じて海へつながる構成。そこは時折食事の空間にもなり、同時に来客をもてなす場にもなる。眼前の大海原と居住を強烈に結びつける役目がこの開放的なウッドデッキテラスである。個々の部屋が単純に海に向くだけではリゾートホテルの客室の窓から見える切り取られた自然にすぎない。海を望む住まいは、生活すべてが自然の魅力を満喫しその感激を暮らしの中に活かす必要があると思う。週末には親しい友人達がテラス脇のバーベキュー台を囲みながら絶景を満喫している。

住まいづくりは家族の想いを叶える環境を

追求ことが大切。一生の住まいを短絡的に妥協して決めるのではなく、我が家のライフスタイル、そして暮らしに対する価値観を最も大切にすべきだと思う。

家は単純な住むためだけの器ではなく、人生を楽しむための空間として求められる時代になってきている。

西日のあたる家

「朝日のあたる家」という曲をアニマルズというグループが歌っていた。その曲のメロディーラインがなんとも印象深く記憶に残っている。その朝日もあたるが、西日もあたる家を紹介したい。

建替え前の住まいを見たおり、不思議な敷地環境に少々驚いた。住宅密集した地域、高台に住まいは建っていた。住宅にしては珍しく三方が道路に接し一方の西側だけは広々とした畑に接している。その眼下遠方に東シナ海、そして慶良間諸島が見える抜群の環境であった。朝日で目覚めるように寝室を東に面すること、南からの涼風を住宅に取り込むことは設計上難なく実現できた。

さて問題は西面をどのように扱うかである。一般に西日のあたる面は消極的にされがち。ところが、この住まいではむしろ西面をテーマとして積極的にしようと考えた。抜群な眺望を生活におおいに取り込み、親子二世帯の住まい、いずれの世帯でも慶良間の島々を終日眺めることのできる暮らしにしたかった。

来客の多い生活環境、駐車スペースを可能な限り多く確保すべきであった。一階は全て駐車場、二階は親世帯、三階は子どもの世帯、屋上庭園を含めて全てのフロアから慶良間諸島の浮ぶ真っ青な海を望む平面構成とした。高台に建つ眺望抜群の住まいの提案はもちろん施主を十分満足させることができた。

しかし問題は西日対策である。単純に西側全面を日除け格子でカットすることは可能。

西日を可動アルミスクリーンでコントロール

だが、抜群な景色を格子越しに眺めるようなことはしたくなかった。普段は眼前に何の障害もなく眺望を楽しんで西日のつらい時間帯のみ日よけでカットできる「虫のいい」ことができないものかと考えた。

ヒントは沖縄の伝統家屋にあった。先人は日中、木戸を戸袋に収め住まいの間口を全て開け放ち開放的に暮らしている。その応用で日除け格子のアルミサッシュを各フロア西側全面のテラスに設置した。

西日のきびしい時間帯以外は格子戸が戸袋に収納され、日が西に傾く頃になると容易《たやす》く戸袋から引き出されて西日をカットしてくれるのである。またその時間帯を過ぎれば戸袋に収納され眼下に何の障害もなく夜景をも楽しめる開放的な仕掛けにしたのである。

　こうして巧みに西日をコントロールした眺望抜群の住まいが実現した。

　住まいづくりで敷地の環境条件は常に都合のいい場合とは限らない。むしろ不都合な場合の方が多い。住まいの快適さは様々な知恵と工夫で一層倍増されるのではないだろうか。

竹林のある家

　長年住み慣れた住まいを壊すことになった。市街化された地域に区画整理が入り敷地の一部が道路になるというのである。六五坪の土地は五〇坪になり、おまけに法規制のために建築できる部分は約半分の三五坪になった。敷地の周りはアパートに囲まれて、近い将来建物が密集するのは予想ができた。密接した隣家同士のプライバシーを確保しながら自然と一体の暮らしができないものかと考えた。そこで狭小な庭を鉛直方向へダイナミックに楽しめる仕掛けをした。

　縦方向へ連続の各部屋に並行して清涼感あふれる七メートル高の竹林を設け、光・風、そして四季の竹林の表情が望める住まいにした。

　適度なすき間のある木製のルーバーを外壁

面に設置し、その間から入り込んだ風が竹林を通り抜けて、各部屋に取り込まれるようにし、またルーバーのお陰で夏場の灼熱がコンクリート壁面を直接暖めないようにして、熱帯夜から幾分開放された。

一階の玄関に通された来客はこの竹林を真正面見て、左にターンすると、天井の高い広々としたリビングである。これは玄関先からは室内の様子が直接覗けない間取りになっている。これは沖縄の先人が伝統家屋で考え

闇夜に竹林をライトアップ

た「ヒンプン」を現代流に解きなおしたアイディアでもある。

　建替え前の住まいを見に行ったときのこと。雨上がりでもないのに小さな水の流れが隣の空地から境界のフェンスに直角にぶち当たっていた。いやな予感がした。以前に石垣島の古老に聞いたことがある。もともと川があったところを人為的に造成しても、大雨が降ればそこにはまた川が出現することがあるという。住まいの湿気が気になった。シロアリの被害を受けていると直感した。

　残念ながら住宅に入って予想は的中してしまった。水周り・和室を中心にシロアリの被害を受けていたのである。その解決策として住まい全体を約一・五メートル高床にして地盤面からの湿気を排除した。またシロアリの餌となりやすい木材類を床周りに使用せずにシロアリにとって住みづらい環境のつくりにした。

　われわれ沖縄の先人は、理想的な敷地環境を探し求め、住まい・集落を築いてきた。今日、そのような環境の土地を入手することは、ほとんど不可能に近い。むしろ理想的な敷地環境でない場合がほとんどである。しかし、厳しい環境であればあるほど解決するために様々と知恵を絞りアイディアを練ることが大切。

　住まいづくりでは自然の脅威、近隣の集落の変化など環境条件は我々人間の力では変えることのできないことが多い。しかし厳しい条件も考え方次第では創意工夫で豊かで楽しい住まいになると思う。

光井戸のある家

郊外の住まいに自然を取込むことは難しいことではない。ところが都会の密集地では容易なことではない。

那覇市の中心市街地で、周りに八階建てのマンション・アパートが林立した「すり鉢状」の環境にある住まい。外気に接する壁面は正面の道路だけ。閉鎖的な状況で、しかも公庫借り入れ限界三〇坪の敷地スペース。そこに二世帯住宅＋貸店舗（美容室）の併設が要求された。希望の部屋数・全体の床面積をチェックして最終的に四階建と決まった。さて、この密集地の息苦しさをどう解決するか。

設計者の提案は、建物中央部に五メートル×三メートルの、地上から空へ抜ける空間を設けることであった。狭い敷地にさらにフロア面積が小さくなるような一見矛盾する提案である。

「狭い土地にこのような無駄な空間を設けるのですか？」予想通りの施主の言葉。

設計者として、これで風通しのいい開放的な住まいが実現できることを、模型・スケッチで説明した。空間のもつ意義を理解してもらい、設計の意図を納得してもらったのである。名付けて「光井戸のある家」。

水回り以外すべての部屋はその光井戸に面するようにし。光井戸をわきに見て歩く廊下で各部屋は結ばれている。この光井戸が各部屋のプライバシーを保つ役目を果たし、同時に各部屋分棟のような住まいが完成した。全ての部屋は外気に接する仕掛けとなった。

30 坪の狭小敷地に快適な都市型住宅

光井戸は建物の真中を突き抜ける煙突状になっている。天空から落ち込む光は各部屋に差し込み、風は最下階のピロティから通り抜ける。都会に建つ狭い敷地の都市型住宅にしては、予想以上に明るく風通しのいい住まいが実現した。一見無駄な空間が建設場所によって、住まいづくりの核となった一例である。

沖縄の島々で先人たちは自然の恵みを当然のように取り入れて四季折々を暮してきた。近年、離島の小さな島々を歩いていると外壁面に冷房の室外機が目につく。しかし……と考える。人口エネルギーに頼らずとも自然の恵みを享受できる住まいは可能なはず。ちょっと立ち止まって、沖縄の住まいを考えてみたい。

市松模様の家

住宅の設計スタートの折、予定の敷地を施主に案内されて初めて見るとき、言い知れぬ緊張と期待感を覚える。

敷地が変形していたり高低差があったりすると施主は「設計しづらいでしょう」と申し訳なさそうに話すことが多い。ところが設計者としてそのような土地に遭遇すると内心わくわくしてしまう。敷地のもつクセは逆に住まいのコンセプトを考える際の大きなヒントになるからである。

区画整理地内に建つ家。すでに建ち並ぶ隣家の土地は短冊状にキチッと分割されていた。一区画の端の角地、取り残されたように台形の地型。おまけに高低差があった。その形態からか、長い間買い手がつかずに売れ残ったのだという。道路向こうは、中学校のグランドの土手、約一〇メートル高さにぎんねむの樹木群が広がっていた。土地は四二坪、さほど広くない。その上親子二世帯住宅で駐車スペースを五台欲しいとのことである。さて、この要望をいかに解決するかである。敷地形態のもつクセと樹木群をうまく利用できないだろうかと考えた。

角地の一辺の道路から車をアプローチ、高低差を利用して半地下状態の駐車場を計画し要求台数は達成された。直角部分が確保できる西面に浴室・トイレなどの水周りを充てた。ぎんねむの樹木群は東側に面していたのでその面に主な部屋を配置。すべての部屋に朝日があたり、緑を真正面に望む抜群の住環境造ることができた。おまけに緑の土手は中学校のグランドということもあり永遠に視線を気にすることはないのである。この設計提案に施主は大満足であった。

リビング・ダイニング・寝室・子ども室など住宅の全ての部屋を同一面に配置して居住性は抜群になった。しかし、その事で美観的な問題が生じた。部屋の用途の関係上、窓の形態がばらばらの外観になってしまったのである。お世辞にもバランスのとれた建築のファサード（正面）ではないのである。

メインの六メートルの道路の向う端に立って地上から見上げる角度を模型でシュミレーションしてみた。地上道路からばらばらの窓

軽快な市松模様のアルミスクリーン

が視線に入らない角度を見つけることができた。その角度を逆に利用することにした。アルミ製の一定形状の格子パーツをつくり九〇度ずつずらして壁面全面を市松模様のダイナミックな壁面にした。住まいの全ての部屋から緑が望め、そして地上からは住まいの室内の様子が全くわからない仕掛けが実現できたのである。

一見不都合に見える敷地のクセも知恵と工夫、そして近隣の環境を読み解くことで豊かで個性的な建築が実現できるのではないだろうか。

中庭が結ぶ親子の家

先日東京に出向く機会があった。田園都市と呼ばれる高級住宅街に久しぶりに行ってみた。学生時代の低層住宅街という印象と違い二、三階建て住宅が多く目についた。当時とは幾分変わった表情の街を歩いて門扉の表札の文字が目に入った、親子二世帯の住まいが増えてきていたのである。

日本の住宅は歴史的に親子二世代以上の家族が同じ家に同居する大家族の時代があった。戦後、高度成長の前後から若い労働人口が都市へ流出し核家族の居住形態へと変わってきた。土地の効率的な利用からアパート・分譲マンション等が次第に都市に増えてきた。そして庭付きの戸建住宅への憧れから郊外に土地を求めて移り住む時代を経て今日に至っている。

しかし近年になって郊外での居住にもいろいろ支障がでてきているようだった。将来を危惧《きぐ》し志向が変化してきたのである。通勤時間・子どもの教育そして老後の十分な高度医療を望む声があがってきている。そして新たな土地の入手が経済的にも厳しい現状から巣立った土地での親との同居が増えてきているのである。

さて、最近設計した沖縄の二世帯住宅。古い住宅密集地で、敷地が野球のホームベースをいびつにしたような変形の五角形をしていた。施主は当初、変形の土地で二世帯の家は厳しいだろうと思い、土地を手放し矩形の土地を新たに入手しようと計画していると話していた。しかし設計者の筆者は、変形した土地の魅力を逆に住まいの面白さにしたらどうだろうと提案した。親子の各所帯は上下階に独立した住まいを望んでいた。ある程度敷地に面積的にゆとりもあり実現可能に思えた。

いびつな敷地形態に素直に建築形態を合わせた結果、中央部分に敷地の形態と相似形の空を突き刺すような中庭空間ができたのである。つまり中庭が上下階の所帯を縦方向に貫く造りになったのである。

中庭を通じて孫と祖父母が声を掛け合ったり、その場が朝夕の屋外のリビング・ダイニングになったりとお互いの所帯にとって有意義でかけがえのない空間になったのである。

また、玄関アプローチではお互いの外出・帰宅の気配が確認できるつくりにした。近隣の住宅環境が変わっても光・風の取り込み等ハード・ソフト共、居住性が将来も変わらない家の仕掛けにした。

親子二世帯の住宅は様々な居住形態がある。ライフスタイルも異なっていて当然だと思う。しかし親子世帯が無味乾燥に独立していたらそれは賃貸マンションとさほど変わらない。お互いの住まいが何らかの仕掛けでつながって気配を感じながら住むことで、二世帯住宅の意義が深くなるように思える。

住宅建築賞受賞（2003年）

フォークシンガーの家

井上陽水・吉田拓郎・かぐや姫・サイモン&ガーファンクル……フォーク全盛時代があった。彼らの歌う歌詞に自分の青春をダブらせ、自分でもギターを奏でコピーをしていた世代。そんな憧れを夢に変え、住まいに音楽空間を造ったミュージシャンの家が紹介の住宅である。

デュオを組んでいる二人は、高校の先輩後輩の間柄、同じ趣味を持つ二人は、偶然同じ職場で知り合い音楽活動をするようになった。当然のようにコピーレベルに満足することなくオリジナル曲を創り、次第にライブのチャンスが増えてきた。

悩みのタネはリハーサルホールの場であった。これは音楽を趣味・職業とする人が最も苦悩することのひとつである。彼らは、月に一、二度スタジオを借りてリハーサルをしていた。

その費用の問題と同時に近隣への音の迷惑を全く気にせず思いっきり好きな時間に練習ができる空間が夢であった。

彼らの創る曲・コピーが好きで時々ライブに出かけた。夢の空間をイメージしながらライブを楽しむ機会が幾度かあった。後輩のI氏が施主である。思いっきり練習のできる音楽空間がある住まいを造ることになった。

音楽ホール併用住宅を設計する際、配慮することのひとつに近隣への音の問題がある。これは音が漏れないように防音を十分行うことで可能になる。

趣味の音楽を存分に楽しめるスタジオのある家

もうひとつは家族の生活空間への配慮である。これも十分防音を行う事で解決できることである。しかし生活空間と音楽空間のお互いの機能は満足していても双方の関係が閉塞《へいそく》的になるおそれがある。互いの空間の間に開放的なパティオ（中庭）を造る提案をした。そこは時には生活空間の延長として、時には音楽空間の延長として全体が串刺し状に連続していて多様な可能性を持つ空間となった。

防音だけを配慮した単純なホールにならないようにコンピュータで音響シュミレーションをした。その結果、生音の演奏で臨場感が十分味わえるような仕掛けの空間になった。また、ホールに連続した二階席からリハーサルの様子がチェックできるようになっている。

ＤＶＤ・スクリーンの設置された本格的なホールが実現、二四時間好きな時間に思いっきり音楽が楽しめるようになった。

生活ができる最低限の住宅に満足していた先人の歴史があった。毎年やってくる猛烈な台風に強靭に耐えてくれる丈夫な建築を造ることが必須条件な時代もあった。今日、建築施工技術の進歩、丈夫な建築材料の開発など、不可能などないと言っても過言では無い。趣味空間でも住み手の個性を十分生かした本格的な空間が住まいに求められる時代になってきた。

ＫＩＤ頃を楽しむ家

石垣島に住む「一級健築士」の家を設計することになった。初めてお会いした折「私も健築士です」というあいさつに少々びっくりした。しかしよくよく聞いてみてうなずけた。

内科系の医師で人々の健康を築く職業であると自負され、自称「健築士」としゃれているのであった。喫煙の害を説く本土出身の医師として島では有名な方である。医師は病を治すだけではなく病気にならない指導をすることも大切な仕事であるということから「健築」である。

ところで、ある企業がおこなった家を造る動機を尋ねたアンケートによると、子どもの就学期に住まいづくりを考えたという意見が圧倒的。そして細かな要望を尋ねた欄をみると子ども部屋へのこだわりは強いわりに家族の暮らし方への夢が小さいのは意外であった。

石垣島の「健築士」の家も小学校高学年の子どもを筆頭に末の子が就学をきっかけに住まいを造ることになった。

この家で最も中心的な役割をしているのが天井高六メートル、三三畳のゆったりしたリビング・ダイニングの大空間である。そこは家の中心に位置しこの場から家のすべてが見通せる。同時にここを経由してすべての部屋がつながる仕掛けにしてある。

日々、親は仕事におわれ、一方子どもたちは学校・塾そして習い事でせわしい。しかし帰宅し夕食から就寝までは大切なひと時である。ましてや週末は家族で共有できる唯一の時間。休日には音楽好きな友人を招きリビングのグランドピアノで音楽を楽しんだりウッドデッキの中庭でバーベキューに舌鼓をうつ。

　リビングの一部に設けられた広々とした図書室のような読書コーナーは子どもの友達にも活用され人気の場所。壁打ちテニスやバスケットリングあるスポーツコートは家族で汗を流す空間になっている。家族共有の「時空間」をリビング、そして半戸外空間で楽しんでいるのである。

「子どもの頃」を楽しむ家

　子どもは就学期までの時期を親元で過ごし、いずれ独立していく。その期間はひと昔前にくらべ格段に短くなってきた。家族が同じ屋根の下で暮らす期間は親と子、兄弟にとって一層貴重な時になっている。

　住まいづくりはその地域風土に合った快適な家であるのは当然。今日では家は住むだけの器ではなく家族の大切な「時間」を家という「空間」で楽しむ時代になってきている。

　施主の名前は城所《きどころ》さん。「きどころ」→「キッド頃」→「KID頃」である。そしてこの家を『KID頃を楽しむ家』とネーミングしてしゃれてみた。

夕暮れライブのできる家

土地を初めて見たとき、我々の先人の探し求めた「風水の適地」はこのような環境ではなかったのだろうかという思いがした。

北側に小高い丘、南側に傾斜した日当たりのいい環境にある土地。琉球石灰岩張りの幅広階段が市の公園の一部として隣接していた。反対側の隣地は、当時まだ建物は建っていなかった。敷地の規模からアパート・マンション等の集合住宅が建つのは大よそ察しがついた。米軍基地の返還跡地に建つ、親子二世帯住宅、音楽家の家づくりである。

アパート暮らしで窮屈な思いをしていた施主は、新居では近隣を気にせず思いっきり音を出せる住まいを夢みていた。当初、隣地との間に空地を設けることを希望。ところが、防音は建築技術的に対処可能であったので、まったく逆の設計提案をした。

住まいを隣地側に寄せて公園側に広場を設け公園と連続した一二メートル × 一五メートルの開放的な空間を提案したのである。さいわい公園には一列に植えられた三本の相思樹があった。その列に平行に沿うようにリズミカルに三、二、一と住まい側にも同じ木を植えた。

この場所は住宅の庭なのか公園なのか？広場に立った誰もが妙な錯覚を覚えてしまう。一〇年も経てば清涼感のある相思樹の樹林と住まいが一層マッチするに違いない。

住まいの一階部分に親の所帯、二階は子の所帯その中央に五メートル × 五メートルの空間が空けられステージになっている。北側の丘に抱かれ、二階テラスと住まいがステージを四方から取り囲み見おろすように観客席ができている。今年で三度目の夏を迎える。四季折々・四回の夕暮れ時ライブが、恒例になった。ビール・ワイン片手の友人知人、そ

隣地公園と庭先が連続的につながっている

してお隣近所の人の姿が観客席にある。いつの日か、公園の広場をステージに琉球石灰岩の幅広階段を観客席にしてオペラを開催することが施主と建築家の夢である。その時、家と公園のつながりを一層実感できるに違いない。

建築が都市の中で分節・断片されがちな昨今だが隣接公園に溶け込ませるように街の連続性を意識して造った住まいである。

ヨーロッパの大学の建築学科学生は最初の講義で敷地周辺スケッチを指導される。西洋の歴史的な建造物を見ると街との連続性の考え方の違いがうなずける。

都市化が急速に進む今日だが建設を急ぐことはない。近隣・集落・都市とのつながり、そして将来像を描きながら施主と共に住まいを造ってみたいものである。

中庭で、夕暮れ時コンサートを楽しめる家

ルーフガーデンを楽しむ

この一年ほど、故郷の石垣島に週に一度出かけている。工事中の住宅一軒と設計中の住宅二軒の仕事のためである。この八年間でかれこれ六軒の建築に携わることになった。先日、三軒目に設計した歯科医院兼住宅の屋上で、施主がパーティを企画してくれた。そして、これまでお付き合いのあった施主とその家族総勢一二名が参集してくれた。

この建築は、一階が歯科医院、二階には院長の住宅のいわゆる併用住宅である。建築の南側には広々とした公園が広がり、さらにその先には、太平洋を臨む絶好の立地条件である。

一階の地上部分は、来院者やスタッフ、そして自家用車の駐車場が多くの空間を占めてプライベートな庭の設置が難しかった。それで、屋上に家庭菜園のあるバーベキュー空間の設計提案。給排水設置の炭焼きのバーベキューのレンガづくりの台を設計した。最近は菜園ゴーヤ、ピーマン、ニラ、バジル等が食卓をにぎわせているようだ。

設計の折、楽しさは中途半端では良くない、もっと完璧にしたいと提案したのは施主、なんと冷蔵庫置き場とトイレも設置しようと発案し、これも造ってしまった。

ところで、現在（二〇一二年）の石垣空港は、中心市街地に隣接していることから、来年三月には空港が騒音等の影響のない場所に移転が決まって現在工事中である。現空港は南の太平洋側からアプローチする飛行経路がある。

り、この建築の東側上空を通って着陸する。窓からこの建築が確認し易いようにと、屋上のバーベキュー空間を、五輪をモチーフとした鉄骨をデザインして覆い、その下に透明感のある屋根材を設置した。空からも建築が視界的に楽しめる提案をした。最近は、チケット予約の折にはこの建築を上空からチェックできる窓際の席を必ずリクエストしている。

眼前は太平洋、屋上空間を楽しむ石垣島の家

　さて、バーベキューだが、施主が鳥一匹をさばいて串刺しのヤキトリ、手羽先など全て夫妻手作り料理、さらに伊勢えびの炭焼きや刺身。ピザを生地から施主がこねて菜園で採れたバジルがトッピングされていた。そして、目の前の菜園からとれた野菜。その料理が皆さんのお腹を通過しトイレにまで納まった。まさに地産地消であった。

　石垣島は、市街地はおおよそ東西方向に街が広がり、家々は陽の光や涼風を取り入れるように、当然ながら南に大きな開口を広げる南向きの家が多い。ところが、密集化しつつある場所では、南に広がる大海原の望む家は計画しにくくなっているのも現実。

　夏の強烈な台風の際の対策にも十分配慮しつつ、狭小な敷地空間の屋上を活用しようとする考えは、離島の石垣島でも流行りつつあるようだ。

住宅密集地に快適な家

三方住宅に囲まれて風通しの悪い住宅密集地。一軒の住宅の建築が、明るく風通しの良い開放的な環境を生み、周辺隣地の居住環境を一変させた。

新しく区画整理し新築の住宅がニョキニョキと建ち始めた新興住宅街とは逆に、すでに住宅が建ち並んだ成熟した町並み。建替えが徐々に進んだ密集市街地で、築三〇年の住宅を建替えることになった。

道路面以外の隣家はひさしに手がとどくほどの近接状態。昼間から人工照明に頼る隣家の暮らしは容易に察しできた。当然ながら自宅も同様な暮らしであったからである。

以前の住まいでは道路側の面に空地を設けていた。新築の住まいでは全く逆転の提案をした。建物を道路側に寄せて東側に開放的な空地を確保したのである。新しくできた空きを隣家が囲い込んでいる状態である。

その結果、新築の住まいも隣家も昼間から人工照明に頼る必要はなくなった。おまけに以前鉢植えにしていたマンゴーの木はその空地の一角に移植され結実するほどに成長してくれた。敷地全体がすり鉢状になっていたため居住性を考慮して一階部分は玄関、駐車場とした。二階の中央に六メートル四方の外部空間を設け木製床材を敷いた。密集住宅の中にあって完全なプライベートな中庭空間が実現したのである。リビングとダイニングに囲まれたこの空間は半戸外状態、完全に独立した家族の生活の場として活用されている。そこの屋根は一面パッションフルーツが覆い、木漏れ日と涼風が灼熱の夏を忘れさせてくれている。敷地には先人が掘ったと思われる古井戸があった。飲み水以外の全てに使用できるほどの清水で庭の散水・トイレの洗浄水・洗濯用水に利用できるありがたい自然の恵みである。幸いにも幾年かに一度やってくる断水の時にも涸れることは全くなかった。

住まいの計画の際、風通し・日当たり・日除けなど様々と考える、これは当然大切である。しかし、将来の周辺の状況を考慮せずにとめどなく自由に造り続けるとどうなるであろうか。周りの環境は日々目まぐるしく変わっていく。環境の変化を当初にある程度予測プログラムして住宅を考えることが重要だと思う。

完成後に周辺の状況が変化し予想外に薄暗く風の通らない住まいになってしまった、ということはよく聞く話である。新築時に一時の快適性を盲目的に優先するあまり陥った誤りであろう。外部空間との連続性・将来の近隣の変化と可能性を十分検討考慮することで我が家・近隣の住まいとも、居住性が一層向上してくるのではないだろうか。またこのような考え方が都市の中で重要視される時代と思う。

日本建築士会連合会会員作品展・
優秀賞（2000 年）

開放的な中庭

八重山の古い集落で生まれ育ったせいだろうか、一番座・二番座の伝統的な沖縄建築に妙に心が和む。玄関をもたない大きくゆったりと開放的な間口、そして庭と連続的な座の空間構成が好きである。住宅設計の際、家族のライフスタイル、敷地のもつ個性を特に重視する。同時に伝統建築の開放的な魅力空間を活かした現代建築を創りたいと常に思っている。

区画整理地、近隣に戸建住宅・集合住宅の密集する都市型の二世帯住宅を設計する機会があった。敷地形状は間口一〇メートルいわゆる「うなぎの寝床」状態の敷地形状である。当然ながらバリアフリーも考え両親の住まいは一階とし、若夫婦の住居は二階とした。

玄関は一つとし共用、仏壇のある両親の住まいは来客も多く大勢の客が訪れることが多い。その際玄関は通らずに直接和室にアプローチできる仕掛けを考えた。

建築のほぼ中央に設けた外部の吹き抜け空間。来客は玄関を経由せずに吹き抜けの中庭を通って開放的に開け放った仏間に入れるようにしたのである。

つまり、伝統の沖縄建築の開放的な空間原理を現代建築の中庭空間に再構築した。床にウッドデッキを張った吹き抜けの中庭は普段は玄関アプローチから引き戸で切り離なされている。そして落ち着いた中庭は一階の各部屋と水平方向へ連続的に結ばれている。そしてプライベートな屋外の居間空間として暮らしが満喫できるようにしてある。

吹き抜けの外部空間は二階の夫妻の住居まで縦方向に串刺しになっていて親子所帯が垂直方向に結び付けられている。同時に二階の部屋からも吹き抜けのテラスは連続的につなげられている。上下階のプライバシーが確保された都市型の建築として住まいは完成しているのである。

「円楼」と呼ばれる中国の客家の集合住宅があるが、その建築は、一族郎党が同じ屋根の下で暮らす家。住居は中央に吹き抜けが設けられ、そこは採光と同時に一族結束の象徴としての円形の外部空間を囲んだ開放的でダイナミックな建築になっている。

中庭には、祖父と孫そして愛犬が

沖縄の伝統的な建築は、来客に対し、常に開放的で自然と一体になった暮らしになっている。開放性を希求する暮らしはアジアの国々に共通の空間概念である。それは、その地域の持つ特徴であり、同時に風土性・建築文化性とも思える。
昨今の住宅では利便性、機能性、セキュリティがつい優先されがち。しかし同時に先人の培った奥深い空間的な魅力を現代建築に解き直し、そして文化の香りのする住まいを創っていたいものである。

「壷庭」の起源

高校時代、古典の授業で『源氏物語』を読んだ記憶がある。

その登場人物の中に、「桐壺」や「藤壺」という名のついた女性が出てきた。当時は特に気にもしなかったが、今日、住宅の設計をしていると「壷庭」と呼ばれる空間を設計に取り入れる事が多い。その壷庭と、物語の登場人物に頻発する「壷」とは関係があるのか気になって少々調べてみた。

一説によると、以下の起源があるらしい。

当時の宮中は広く、建築もその用途に応じて幾棟かに分かれて複雑に構成されていた。それらの建築を結ぶ渡り廊下で区切られた庭のことを「壷」と呼んだというのだ。

そこに植えられた植物からその場所を「藤壷」とか「桐壷」と命名され、それが今日の坪庭の起源という。そして御殿を与えられた女性が「藤壷」「桐壷」と呼ばれるようになったらしい。その後、その庭は茶室に付随する庭を差すようになり、茶室に至るこじんまりとした静寂な露地空間も坪庭と呼ぶようになった。当初は壷庭と表記されて、後に坪庭と書かれるようになったようだ。

さて、今日の市街地ともなると、土地が狭い上に隣家双方が境界線ぎりぎりまで迫り家が建てられている場合が多い、そこで登場するのが坪庭である。

写真は、筆者が設計した石垣島に建つ平屋の住宅。この家は敷地の一角に建物を建てて、残った敷地を駐車場や庭に当てるというよくありがちな手法はとらなかった。玄関アプローチに始まり、和室、廊下、そしてトイレに至るまで、住まいの随所にその場に応じた程よい空間を設けた。住まいを部屋の寄せ集め的な塊にせずに、部屋同士の間に外部空間を取込みたかったのだ。それが「坪庭」である。

その結果、家の色々な場所に光・風を取込めるようになった。同時に、小さく外部空間として切り取られた緑の空間の坪庭は、来客・住人の目を

坪庭から、木漏れ日と涼風を取り込む

楽しませてくれている。お陰で灼熱厳しい石垣島の夏の時期、冷房にほとんど頼らない快適な家が実現できて喜ばれている。

小さな空間ながら、光、風を取込む仕掛けの坪庭は、平安時代にまでその起源をさかのぼる。この坪庭が、平成の今日でも暮らしに生かされ重宝がられているのは、暮らしの中に快適なエコ空間を追及する人間の想いが、時を超えて共通しているからなのかもしれない。

南にまなざされた家

家づくり、工事着手時に行われる儀礼に地鎮祭がある。仕事柄、年に幾度か出席する。民俗学者の施主の希望で久高島から神女《カミンチュ》に来ていただいた。

通常神式では北の方位に向かって祭壇が設置される。しかし神女は南に向かって祈りをささげると告げて特段に祭壇などの準備はなかった。意外だったのが、ブロックとハンマーを一つ用意するように指示された。工事関係者は、事態を理解していなかった。神女は一通りの祈願の口上を述べると、おもむろに、用意されたハンマーでブロックを三度たたいた。

沖縄大百科事典によると、「屋敷《ヤシチ》ぬ御願《ウガン》」が地鎮祭にあたり「ティンダティ」が起工式にあたるという。しかしなぜブロックにハンマーなのか。

ティンダティの言葉の意味を調べていたら謎が解けた。「手斧《ちょうな》立て」である。沖縄の方言では木材加工用の斧を「ティーン」と呼んでいる。木の皮を剥ぐところから建築工事が始まるところに「ティンダティ」の言葉が生まれたのだろう。木の皮を剥ぐ所作が沖縄でいう地鎮祭の方言として残っているところが興味深い。

ところで、祈りが北の方向ではなく南に向かっていた。特別な訳のない限り先人は住まいを南向きにしている、自然の涼風を呼びこみ来客を迎えるからである。豊穣をもたらす「ニライカナイ」の郷地は諸説あろうが、住まいに豊穣をもたらすニライカナイは南の方向に存在するのではないだろうか。

さて、北側に小高い丘をいだき南傾斜の古い集落に計画地はあった。初めて敷地を見た。南からの涼風がとても心地よく、しばらくたたずんでいた。ゴーヤなど数々の野菜が植えられた土地を見るとその環境の良さに確信がもてた。

大げさな造成工事などせずに緩やかな傾斜を素直に活かしたいと思った。敷地南側のほぼ半分はウッドデッキと芝生の開放的な庭である。そして庭と水平方向にリビング・ダイニング、そしてキッチンを連続してつなげた。垂直方向へ来客の玄関、リビング二階は寝室・子ども室へと空間を展開させた。住まいの中心には核となる天井高六メートルの吹抜のリビング大空間。そこからは個室の家族の気配が感じられる。もちろん全ての部屋はニライカナイの南に面している。来客用の玄関とは別に二、三軒先に住む母が気兼ねなく立ち寄れるアプローチが庭空間と一体につくられている。

南に向かって祈りをささげる神女を見ていると、大地に住まいを築く感謝と先人の南への想いを一層強く感じた。

「南にまなざされた家」は施主の論文『王権にまなざされた島』をもじり、共通の友人である文学者と共にネーミングした名前である。

南にまなざされた家

「玄関」のない家

毎年、お盆には古里・石垣島に帰ることにしている。里帰りの楽しみの一つはアンガマである。だいご味は、あの世から子孫を引き連れてやってくるウシュマイ(御主前)・ンミー(婆)の観客との珍問答である。

ある年のこと、妙な光景に遭遇した。いわゆる沖縄の伝統家屋と呼ばれる住まいでの出来事。二番座の仏前の口上をひと通り終えたウシュマイ・ンミーは例によって一番座の床の間の前に陣取った。そして家長から差し出された飲み物を口にする(実際には、お面の鼻の穴にストローを差し込むのだが)。その間、二番座の仏前では子孫達が入れ代り立代り歌舞《かぶ》音曲《おんぎょく》を演じている。それを家の周囲から大勢の観客が囲い込むように見ている。ここまでは普通に行われるお盆の光景。

ところが妙なことに家の主座、一番座に緊張感がなく、アンガマ全体の臨場感が欠けていた。その前庭には観客の姿はなかったのである。少々離れて家屋全体を見てそのわけがわかった。この家ではアマハジ(雨端)が二番座の南側・一番座の東側についていた。ところが一番座の南面にはアマハジではなく現代的な「玄関」が取り付いていて、観客から住宅の内部を覗きづらい状態になっていた。玄関が連続のアマハジを分断していたのである。結果アマハジのある二番座と一番座の東側に観客が分かれてしまいアンガマを取り囲むようにはならなかったのである。

歴史的には地頭職など高貴な客を接待する

家では、一番座に玄関を設置する家が見られた。

家屋の東・南側に面して連続的に廻らしたアマハジは、先人が考えた沖縄の気候風土に適した知恵空間である。夏の強い日差しを遮り、また南の島で特有な急な強い雨も室内への侵入を防いでくれる。先人は家屋への出入口を一か所に限定することなく、常にどこからでも出入りできるように開放的に暮らしていたと思う。

もちろん現代の住宅建築では玄関を無くすことは困難な場合が多い。しかし伝統的な家屋の残る集落で生活上問題がなければ、現代住宅への憧れだけで暮らしに不要な「玄関」を設けるのは無駄なことではないだろうか。

アンガマの翌日その家を訪ねてみた。驚いたことに玄関は自転車置場に変わっていて普

沖縄には「玄関」にあたる方言はない

段は物置として利用されていたことがわかった。南からの涼しい風を取り込める場所をあえて閉鎖的にしてしまっていたのである。

八重山の古老は、「玄関」を方言に強引に訳せば「ヤドゥフツ」（屋戸口）であろうと話していた。

沖縄の島々で「玄関」にあたる方言をいまだ耳にしたことはない。その訳は元々沖縄にはそのような空間が存在しなかったからではないだろうか。

時代が求める住まい

古い農村集落に建つ沖縄伝統家屋に生まれ育った。もう今日の都市部では少なくなった祖父母、両親、子ども達三世代の住まい。一番座、二番座、三番座、そして裏座の間取りである。

一番座はお正月、仏間の二番座はお盆などで利用されていた。その間のふすまなどの仕切りを開放すれば住まいの中に水平的な大空間が出現するのである。間仕切りを行事の用途に応じて変えていく、それは先人の考え出した巧みな知恵に思える。

一方、日常生活では祖父母は二番座、両親と子ども達の寝室は裏座である。

高校受験の頃であろうか、やっと子ども部屋が一つ与えられた。伝統家屋では年中行事などを尊重している平面、環境的に日々の生

活はかなり犠牲にしているように思える。しかし、地方ではこのような住まい方は不思議ではなかった。

歴史的にみると昭和初めの頃、公団住宅の基本プランが完成し「ｎＬＤＫ」という言葉が生まれた。住まいの規模は文化水準の指標にもなっていて、ｎは個室の数で、ＬＤＫはリビング、ダイニング、キッチンである。ＬＤＫのない住宅はないわけだから、ｎの数が増えれば部屋数が多くなる、つまり規模の大きな住宅と言える。

近年の核家族の増加と少子化の影響であろうか、ｎの数の少ない住宅が増えてきた。ところが全体の面積は減るどころか増える方向にあるという。これは主寝室、子どもの部屋以外は、ＬＤＫの規模が広くなったのである。

以前は広い子ども部屋を望むことが多かった。極端な例では、年に一度の誕生会のために部屋を設けて欲しいという施主もいた。

ところが最近では、勉強等に集中するためにも部屋は可能な限り狭い方がいいという考え方も増えている。それは子どもが部屋の閉じこもらず、できるだけリビング空間で過ごして欲しいという親の願いもあるのだろう。

また近頃は、進学等で親元を離れて暮らす時期が早くなって来ている。そのせいで家族が同じ屋根の下で暮らす期間が短くなっているのも現実である。それゆえ家族団らんの必要性が一層増してきていると言えよう。リビング・ダイニング空間の設計は、最も長い時間をかけてその家庭独自で個性的な答えを生み出すことにしている。

伝統家屋の主流の時代には、年中行事を重

視し明確な家族の個室など存在すらしなかった。そして高気密・高断熱の広い個室空間を数多く求める時代もあった。今日では、個室空間はできるだけ小さくし、長い時間過ごせる快適で、豊かなリビング空間を求める時代になってきている。

今後高齢化が進み、社会的に自宅介護も一層求められる。長い年月の間には家族構成も変化し、さまざまなライフスタイルの変化が生まれる。それに柔軟に対応できて、常に暮らしが楽しめる住まいを新築時にはしっかりと計画したいものだ。

分棟の家

沖縄の古い集落では瓦葺の家屋が二棟、三棟と分棟になって軒をつらねている住まいをときおり見かける。なぜ先人は棟を分けて家屋を造ったのであろうか。

八重山では、南からみると右側の大きな家屋をフヤー、左側をトーラと呼んでいる。それぞれ居住用と炊事用に使用されるのが一般的。首里王府の禁令等もあり、明治以前は大きな家屋ができなかったという歴史的な背景もある。

毎年やってくる台風の防備のためにも、先人は家屋の構造、暮らし方に策をめぐらし家屋を分棟にしたようである。その工夫や知恵で伝統的な家屋は造られてきたようだ。

建築物の構造は、できるだけ軒を低くし柱や垂木を太くした平屋にしている。居住、炊事、そして貯蔵の部分と、暮らしの機能に応じて家屋を分棟化しているのだ。つまり一棟の屋根面積を少なくし風の力を分散させるようにしているのである。倒壊した場合に備え、再建の労力を少なくしていることも、その要因。敷地内の棟の配置をみると、火を使うトーラは風下の西側。それは火災時に、煙や火を母屋に入れないようにしているのである。

また各家の東側、南側の福木の防風林は、隣家からの延焼防止にもなっている。家の構造や配置にいたるまで、自然災害に対する先人の様々な知恵と工夫が実感できる。

ところで、話は人体に変わるが、北国の寒い地方の人は体が大きく、南の暑い地方の人は体が小さいと言われている。大相撲の力士の出身地をみるとうなずける。一般に容積に対するその表面積の割合は反比例するとされている。つまり、北国の人は体を大きく進化させることで体の表面からの熱の放出を少なくさせ、逆に南の人は小さく進化させて熱の放出を多くして涼を取れるようにしているという説である。その真偽のほどはともかく、建築的にいえば、同じ容積の建築をひとつの塊として造るよりも、幾棟かに分散して造るほうが、壁面そして窓の開口部分が多く確保できるのである。

先人は台風から家屋を守るために家屋を小さくし分棟にしたという考えが、建築界では通説。家屋を分棟にして表面積を増やせば、多くの開口部が確保できることを先人は知っていたのであろう。雪深い飛騨高山の大きな合掌造りの家屋は、その逆の考えである。

こうして自然災害から家屋を守り、快適な南国の家を先人は実現してきたのである。

現代住宅も家屋を分棟にして自然の風を感じられる、夏向きの住まいに創ってみたいものである。

住まいは夏を旨とすべし

〔吉田兼好『徒然草』より〕

古井戸を今に生かす

昔、一人前の男のあかしは家を建て、井戸を掘り、そして墓を造ることだったという。

筆者の育った石垣島の古い農村集落では、ほとんどの家に井戸があった。現在でも活用している家、活用はしなくても先祖の掘った井戸として残している家、いずれも井戸を大切にしていることに変わりはない。

三年ほど前に、その集落で筆者の弟が院長を務める医院を設計した。筆者の生まれ育った家の建替えである。その敷地にも井戸があり本家から分家した祖父が大正時代の末に掘ったものだ。

設計では、この井戸の存在と位置に注目し、その活用を基本に考えた。ポイントは三つ。

一つ目は、井戸水をポンプアップして敷地内の緑地への散水、車の洗浄水としての活用である。

二つ目は、医院のエントランス脇の緑化された坪庭に「つるべ」を吊り下げた井戸として再生させたことである。その脇にはベンチを設け、診察を待つ親子連れや診察を終えてタクシーを待つお年寄りが腰掛けて、来院者の目をなごませる仕掛けにした。

そして三つ目。この医院は、内視鏡で胃や腸を検査する内科で、検査前には下剤を飲んで検査を待つ「前室」が設置されている。その前室を井戸のある坪庭に面するようにした。その仕切りのアルミサッシュのガラスはマジックミラーにして、内部から坪庭方向は見えるが、外部からは前室の内部の様子が全くわからないようにした。検査を受ける来院者はゆったりとしたソファーにリラックスして腰を下ろし、緑に囲まれた古井戸を脇にしながら新聞・雑誌、テレビに目をやりながら検査を待つという、贅沢とも思える時間を過ごせるように設計したのだ。

近年、造成や住まいの建替えのために先人の残した古井戸が埋められていることを耳にする。しかし視点を変えれば、井戸水の有効活用はエコロジーにもなるし、また活かし様によって、住まいや街の中の景観にも大きく貢献してくれるに違いない。

移動のできない井戸だからこそ、この場の持つ遺伝子として魅力的に設計に生かしていたいものだ。

医院のエントランス、古井戸のある緑空間

借景

「借景」という言葉がある。辞書によれば「遠くの森や山などの景色を庭園の一部として見立てること」とある。

住宅設計の際、敷地周辺を幾度となく歩くことにしている。それは周りの環境調査と住まいから借景できるシーンを探すのが目的。もちろん常にそのような場面が実現できるわけではないが、可能な限りかなえられるように心がけている。

今日、都市部では遠くの森や山を借景することが、あまりできない。しかし必ずしも森や山でなくてもいいわけである。いわゆる敷地周辺の魅力的な空間を取り込めればと思う。

もう八年ほど前になろうか。区画整理地に隣接する旧集落に、古くから地域の人々に利用されている歩行者専用道路があった。全長五〇メートル道路のほぼ中央に、春になると見事に咲き誇る一本の桜の木があった。その近くにはアマリリスなど幾種類かの草花が季節ごとに歩行者の目を楽しませてくれていた。

伝え聞くところによると、近所の人々が自然に植栽し手入れをしていたという。桜はこの場所に何年立っているのだろうか。幹周り二〇センチ、高さ二・五メートルほどに成長していた。その歩行者専用道路の延長する場所に、計画住宅の敷地は接していた。住まいの庭先の延長に桜の木がある情景を描いて設計をした。そして住まいは完成し、想像通りの借景が実現したのである。

ところが、その歩道は当時から路面整備がまだなされておらず、行政はいずれ整備を行うとのことであった。整備の際には、是非桜は残してくれるように事前に幾度かお願いしておいた。しかし、それから八年経った今年、その桜の木は残念ながら何の前触れもなく無残に撤去されてしまって愕然とした。その結果、地域の人々愛着のあった道路は、黒っぽいアスファルト舗装の味気ない道路に姿を変えてしまった。

この地域は区画整理地内にしては公園が極端に少ない。それゆえ車が乗り入れることにないこの空間は、将来こぎれいに整備され子どもたちの遊び場とし、また近所の老人達の憩いの空間になるものだと大いに期待していた。

街の中には、少々いびつだが個性的な路地、小さな小川など、魅力的な場所や自然発生的に出来た緑化空間などがある。街に個性や特徴が無くなって画一的な都市が叫ばれる昨今、近隣にひっそりと残る魅力的な空間を再発見してみたらどうだろうか。そしてその空間を住まいに取り込んで借景すれば、魅力の空間は点から線へ線から面へと連続的に広がっていくのではないだろうか。そうすれば街全体が、個性的で魅力的な街に変わっていくに違いない。

通常、借りたものは返さねばならないし、同時にお金が必要な場合とてある。

「借景」は魅力空間を一方的に借りて返却不要、金銭不要でもある。大いに利用しない手はないと思う。

昨今建築事情

つくり過ぎない建築

週末、朝のテレビを見ていたら片岡鶴太郎が出ていた。俳優、画家、そしてボクサーと色々な顔を持つ彼が、石垣島を旅していた。

その彼が公設市場で初めて見たのが沖縄の県魚であるグルクン。薄紅色のその色合いが画家の持つ感性を刺激してしまった。

市場の前に小さな椅子を設置し、ついにクレヨンを取り出して実物のグルクンを見ながら描きだしていた。鉛筆でさらっとスケッチを描き、親指にクレヨンを軽くこすりつけて、まるでスケッチのグルクンをなでるかの様に、色を重ねていた。ほんの数分でピンク色にほんのりとした緑色の軽いタッチのグルクンになっていた。

仕上がったグルクンを前に彼が興味深いひと言。「自分は絵を完全に仕上げるのではなく、七分目くらいで絵を仕上げている」というのだ。残りは見る人が自分の感性で想像すれば良いと。

実は、住まいづくりでも同じことを思っている。家も最初で全て完璧に作り上げてしまうと、意外に使いづらい家になってしまう。

空間を壁・ドアで仕切ってしまうと、将来のライフスタイルの変化に柔軟に対応ができず、住みにくい家になってしまう。当然ながら、その方がローコストにも繋がる。

住宅は使い手である家族構成が変化するところに、公共建築との大きな違いがある。その都度間取りが変化できるようにした作りが、暮らしやすいのだ。

　また、少々住み手が手を加えられる余地を残しておいた方が、その家の個性や特徴が出せるのではないだろうか。住まいとして暮らしに困らない程度で、また新築段階ですべきことを設計すれば、それで設計士の仕事は終わりにした方がいいような気がする。

照屋寛公自邸（2013年）

落成時（1996年）

　写真は、筆者の自宅アプローチである。完成当初は隣家も建っていないが、一七年も経つと近隣も街も変わり同時に庭先の木々も生長してくる。季節ごとに咲いてくれる草花を楽しめるようになっている。

庭先は、通りを歩く人の視線も意識しながら楽しめる空間。ヨーロッパの住まいを見ていると、その想いを一層感じる。絵も住宅建築も少々楽しみの余地を残しながら作りあげる方がいいと思うが、いかがだろうか。

建築の流行を考える

床屋に出かけた。

ヘアースタイルを気にする歳でもないが、今流行のスタイルを尋ねてみた。意外な返事が返ってきた。コレと言った流行が今はもうないという。

なるほど、たしか高校時代、「ロン毛」と称して長い髪がはやっていたし、大学時代には「聖子ちゃんカット」が記憶にある。

今はインターネットなどで街の情報は多様化し、都会一極集中の流行はもうなくなった。髪型に限らず、暮らしそのものが流行の波に影響されずに、自分の価値観と個性を見つけ積極的な個人の表現が、むしろ流行になっている。

ところで流行と言えば、流行に敏感な街・東京の表参道を歩いて思ったことがある。通りを歩く人のファション、ショーウィンドウを飾る奇抜なデザイン、その多様さに驚かされる。通りには、高級ファッションブランドの店舗が並ぶ。その建築ファサード(正面)は、歩く人々を飽きさせない。

共通した特徴は、ブランドらしさ・個性をあえて建築には表現していないことである。建築家・伊東豊雄氏設計のトッズビルは、表参道のケヤキ並木のケヤキの幹の美しさを建築の構造体に生かし、その有機的な自然美を建築のモチーフとして、その奇抜性をブランド店の特徴にしている。

さて、かつて沖縄でもコンクリート打ち放し、赤瓦屋根、穴空きのコンクリートブロックなどが建築素材として流行したことがあった。しかし今日では、素材そのものが流行になることは少なくなって来ている。

むしろ施主の暮らし方、個性、価値観、そして敷地の特徴をモチーフとした建築表現が多くなっている。

都会でも地方でも、流行にとらわれない多様な個性の表現が流行になっているかもしれない。

ゆとりのある家づくり

中国の荘子が書いた物にこんな話がある。

むかし、宇宙は三つの部分からできていたそうだ。「北の帝」、「南の帝」、そして中央は「渾沌帝《こんとんてい》」がそれぞれ支配していたという。

あるとき、渾沌帝は誕生日の祝宴に二人を招待した。北帝と南帝は招待のお礼に何かしてあげようと思い、のっぺりした顔の渾沌帝に目、鼻、耳、口の七つの穴をひとつずつ開けてあげた。しかし、良かれと思ってやったことが裏目に出て、七日目に渾沌帝は死んでしまった。

この話は、日本初のノーベル賞受賞者である物理学者の湯川秀樹氏が著書や大学の講義でも、よく話したと言われている。

自然科学は、あらゆる角度から分析、解析することがひとつの目標、理念であろう。しかし、彼は渾沌とした曖昧な状況にこそ、物事の真理や可能性が潜んでいて、解き明かし

過ぎない事の大切さを語っていたのではないだろうか。

ネット社会の影響で情報過多の今日、現代人は変化の激しいライフスタイルや価値観まで先回りして決めてしまう傾向になっているという。

たしかに、家造りでは、新築時にすべて造った方が、後々の工事が無くて済むという考えもある。しかし今後、子どもが何名生まれるのか、男女はどうなのかなど、予測できない状況が多いのも人間の暮らしであり人生である。設計者として、そんな折にはこんなアドバイスをしている。

家は細切れで分節した部屋にせず、電気などの設備機器はある程度の想定した設計をする。それ以外は可能な限りワンルームにして開放的に暮らせるようにしている。沖縄の先人の住まいは、冠婚葬祭などに柔軟に対応できるように造っている。成長し変化する子どもの部屋や祖父母の部屋は、ある程度住まい方を限定しているものの、渾沌とした暮らしにしている。

北帝の名は「儵《しゅく》」といい、南帝の名は「忽《こつ》」と言われていたという。いずれも迅速《じんそく》の意味で「人間的」にたとえられている。一方、渾沌《こんとん》は未分化の総称で「自然」にたとえられている。

家づくりは、新築時に早急な結論を急がず、ある程度ゆとりのある住まいにすれば、開放的でエコなローコストな家ができると思っている。

食卓と家族

一、二、三番座のある沖縄伝統家屋で、祖

広々とした開放的な沖縄の伝統家屋

父母、両親と兄弟の七名家族の中で育った。ちゃぶ台のある三番座は、家族団らんの茶の間であった。食事時には、その日の出来事を話したり、親から様々なことを学ぶ場、しつけの場でもあったように記憶している。
その我が家では、家族の食器と箸が各自決まっていて、母親が各自の椀に盛ってい た。このような食器を「属人器」と呼ぶことを大人になって知った。
この文化は元々儒教の精神の強い韓国に多く、おそらく家長から順番に盛り付けをしたのであろう。中国には属人器はないという。これは中華料理を思い浮かべれば理解できる。属人器の文化は、儒教と別に、家族が同じ時間帯に同時に食事をするから属人器が必要であったとも言える。
最近では属人器という考えは薄くなって

いる。同じ茶碗を揃えておけば、一つくらい割れても支障がない。つまり利便性から属人器がなくなったとも考えられる。

ところで、今日では核家族や少子化で、出勤や登校の時間帯がまちまちである。そして帰宅時間も親の仕事や子どもたちの塾通い等で違ってきて、家族が同じ時間帯で食事をする機会が少なくなってきている。となると、属人器が無意味になるのもうなずける。

食事の時間帯と言えば、住宅設計では調理をしながら食卓の家族と顔を見合わせる食卓と一体になった対面式のキッチンが多かった。ところが、最近は食卓のないスタイルのキッチンを望む声が増えてきている。家族で同じ時間帯に食事をする機会が少なくなってきたというのがその理由。食卓はキッチンに設置した小さなカウンター程度で済むというのだ。

一方で希望が多くなったのが、テレビを中心にした広々としたリビング空間だ。時代と共に暮らし方の文化も変化し結果的に、食器や住まいの形態が変わってくるのは当然である。

しかし食事の時間は親子が顔を合わせ、食事のマナーや礼儀を教えるいい機会であり、学校や社会の中では学べないことが、その場にはあるはず。家族の生活リズムの違いは仕方ない。しかし週に数回でも一緒に食事をする機会はつくるべきではないだろうか。

食卓空間は、単に食事をするだけではなく、リビングでは出来ない親子の教育の場であったということを忘れてはならないだろう。

階段空間を楽しむ

「ニーケーヤー」という言葉がある。「二階建の家」のこと。では「平屋」という方言はあろうか。『石垣方言辞典』(宮城信勇著)をひも解いてみたが見当たらなかった。伝統家屋では平屋が基本、あえて「平屋」にあたる言葉は不要で「ヤー」でこと済んだのだろう。二階建ての住まいは近年になって造られ「ニーケーヤー」の言葉も生まれたと思う。

さて、二階建の家にはつきものの「階段」。方言辞典には、「だんだん」とあった。なんとマトを得た表現であろうか。少々幼児語のようで苦笑してしまったが、先人の発想と命名に感心した。

大学を卒業し、東京で建築の設計を始めた頃、二階建て建築の階段部分の設計を自分にまかされたことがあった。その時は難しそうな階段の設計をなぜ新人にまかせるのか内心驚いていた。

階段は他の部屋と大きく異なり空間を移動しながら使うところに特徴がある。平面の図面に三次元の移動空間の設計である。難しくもありデザインのし甲斐もある。

水平・垂直方向の空間概念をきちっと把握させたかったのであろう。同時に階段の設計の楽しさを経験させたくて設計をまかせてくれたのだとわかり嬉しくなった記憶がある。

公共建築などでは隅っこに追いやられ、薄暗くなりがちの階段。形体上、平らな床を歩くのとは違った体の感覚を覚えるのは確か。それだけに階段を通ると別の世界へ行くという気分にもなる。部屋から部屋へ移動する場合でも、廊下を歩いていくのと階段を通って行くのとは明らかに気持ちが違うもの。単に上下交通機能のための存在ではないと思う。階段を積極的な気分転換させる装置としてとらえて、昇り降りが楽しくなるような工夫をこらしたいものである。三つの事例を紹介。

一階はリビング・ダイニング空間、二階は寝室と子ども部屋の住まい。クリスタルなガラスの踏み板。足への感触と透明感が一日の生活の始まりと終わりの気分を絶妙に変えてくれている。

次に親子の二世帯住宅。階段は親子の世帯を結ぶ唯一の空間である。足元に外の光が差し込み、踊り場から外部の景色が楽しめる様にした。ライフスタイルの違う親子世帯を琉球ガラスのブルーの光が上下階を結び付けている。そしてダイナミックなリビングとダイニング空間のある家。一メートルほどの段差の階段が各空間に特徴をもたせ、二室を緩やかに、そして連続的につないでいる。

今日、バリアフリーの考え方は大切。しかし公共的な建築と違い、さほど広くない住宅にこそ、暮らしの中の上下階への移動の空間である階段を気分転換に活用し、「第二の心臓」とまで言われている足を健脚に維持するためにも、安全で移動を楽しめる階段を造りたいものである。

大学卒業当時から、階段の楽しさを気にかけて建築設計をしていたら独立時にアトリエの名称を「Treppen」(トレッペン)としていた。「トレッペン」とは、ドイツ語で階段という意味である。

スリットガラスの光とモダンなガラスの階段

棟上げと餅まき

家づくりの初めに行われる儀礼に地鎮祭がある。沖縄では方言で「ティンダティ」と呼ばれている。手斧《ちょうな》のことを、方言では「ティーン」と呼ぶところから、その名がついたらしい。

地鎮祭といえば、同様な建築儀礼に「棟上げ」がある。

地鎮祭は神主などが取り仕切るのに対して、棟上げは大工の棟梁《とうりょう》が取り仕切ることが一般的という。潮の満ちてくるときに行い、棟梁の他、大工職人、左官・建具職人、そして施主・親類が参加する。棟上げの祭祀《さいし》は棟梁が神を降臨させる役割とされているとある。

ところで、棟上げの際の「餅まき」、テレビ・雑誌等で時々紹介されているが、沖縄ではどうだろうか。竹富島のある古老は、幼いころ、棟上げの家があると聞きつけて、小銭の入った餅を拾いに行ったことがあるという。また、南風原では餅ではなく揚豆腐だったということも耳にしたことがある。いずれにしろ沖縄では一般的でなく古くからある風習ではないようだ。

そもそも、餅まきの由来は、棟上げの際、棟梁によって建物の四隅に大きな餅が置かれたことにあり、後に小さな餅が式に参加した人々でまかれるようになった。

家を建てることは、厄災を招くという考えもあり、その厄を避けるために、餅や小銭を持ち帰ってもらうという説がある。また、古来より家づくりは共同体作業、いわゆるユイ

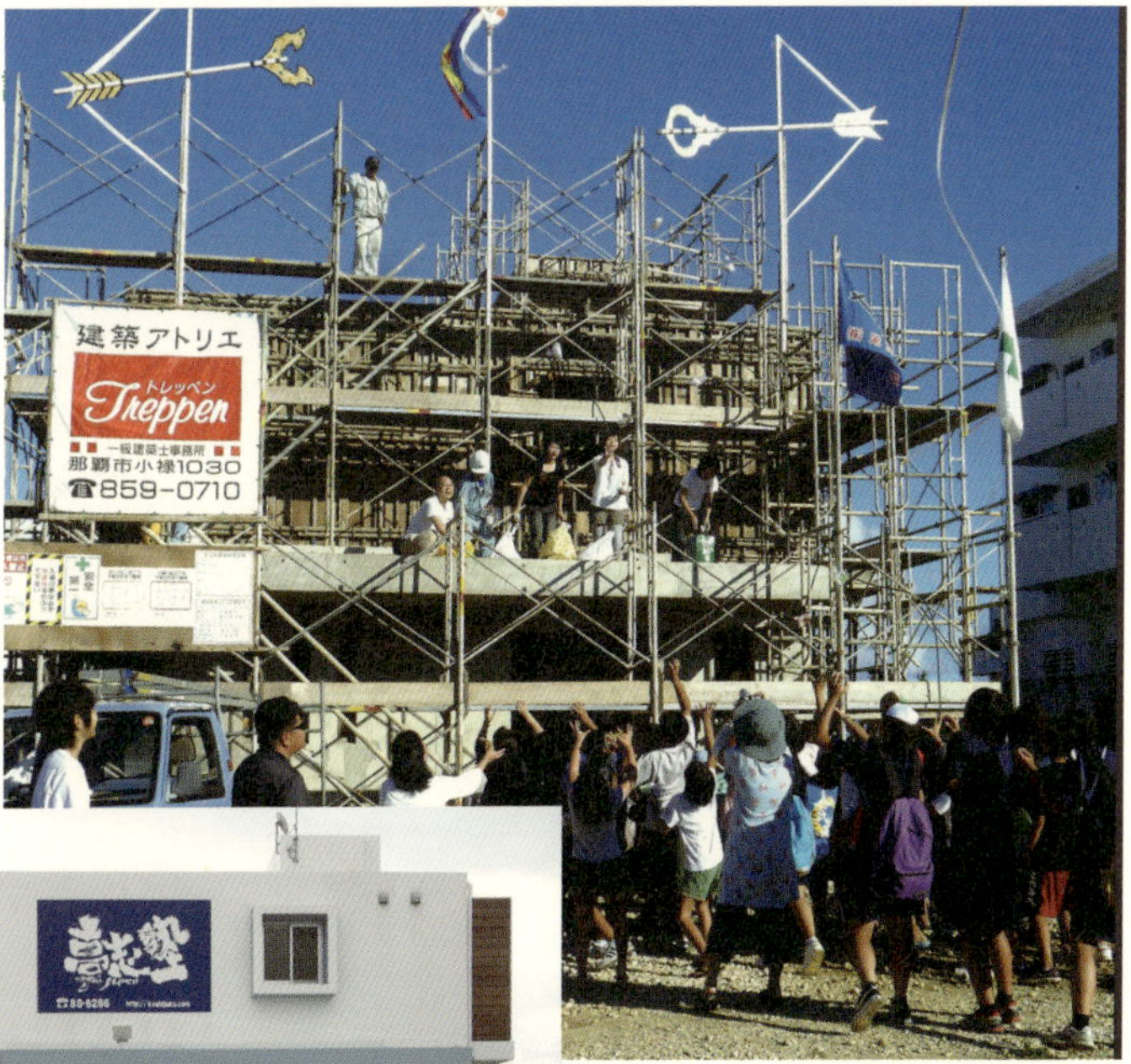

昔懐かしい棟上の餅まき

マール的な共同作業であったところから、富の分配の考えもあったようだ。

　現在、石垣島で住宅兼学習塾の設計・監理をしている。夏休みの八月末、棟上げがあった。棟梁の祈りの後、弓矢、扇子を円形に開いた竿、そして五色の吹き流しがたなびく中、餅投げがあった。塾や近所の子ども達・親も交じってにぎやかに行われた。

　餅まき風習は、平安・鎌倉時代まで歴史をさかのぼり、上棟式の「散餅銭の儀」と呼ばれる儀礼が起源とされている。沖縄では目新しい風習だが、建築の喜びを神に感謝し、地域の人々ともども祝福することは、地域コミュニティの希薄になった今日、都会でも必要になってきた建築文化かもしれない。

家に福をもたらす神

かつての沖縄伝統家屋の棟木には『天官《てんかん》賜福紫微鑾駕《しふくしびらんか》』の文字が書かれていた。この由来になった話が石垣島に伝わっている。

昔、川べりに老人が立っていた。

ある男がその脇を通り過ぎようとしたら、老人は頼みがあるという。「この川を渡りたいのだが老体の自分には渡れない、背負って渡してほしい」というのだ。

男は裸になり背負って川を渡っていると、背中にお腹が当たり、あまりにも熱かったという。何故こんなにお腹が熱いのかと尋ねると、風邪気味で熱があって熱いというのだ。

川を渡り終えると、老人は

「ありがとう、実は私は人間ではありません、天からの使いの者です」

というではないか。天からどのような使いかと聞くと、「某集落の某家を焼いて来い」というものだった。

男は驚いた。それは自分の家だったからだ。

老人は「背負ってもらって恩義のあるあたの家を焼くわけにはいかないです。村はずれに小さな小屋を造ってくれたら、それを焼いて、煙で天に昇ります」と言った、という。

この類の話は沖縄本島にもあって、伝承の範囲は広いようだ。しかし、石垣島に伝わる話は、助けてもらったお礼に、老人から『天官賜福　紫微鑾駕』の棟札を書いておけば火事から免れることが出来ることを教わるとこ

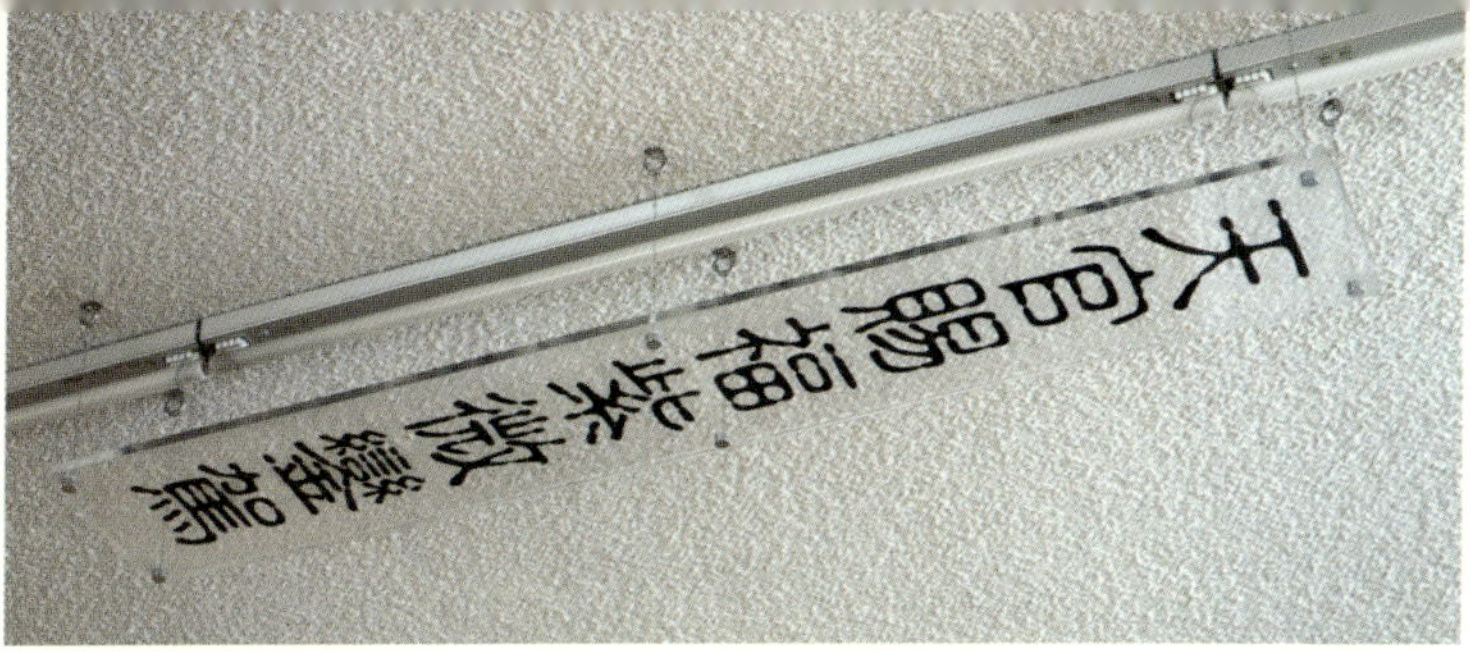

現代的にデザインされた紫微鑾駕

ろに特徴がある。

その後、この謂《いわ》れが流布し、大工の棟梁が家普請で棟木に書くようになったらしい。

この話からわかるのは、住まいが木造であった先人の家屋は、火災を最も恐れたということだ。不思議なことに災害でも、台風や地震にまつわる自然災害の伝承はあまり聞かない。火災は、火の不始末や思いもよらぬ延焼等で被害をうける人災的要素が強いからであろう。先人は家屋に対して火災を恐れ、火の取り扱いに気を使ったことがうかがえる。

今日では、建築物の構造もコンクリート造になり、報知器など防災設備が充実している。また棟木の存在も目にすることもほとんど無くなってしまった。

ちなみに、「天官賜福　紫微鑾駕」は、「天の神が福を授け、北極星の神が馬車に乗って降りてくる」という意味である。

ヒヌカンは必要か？

念願のマイホーム新築を期に、ヒヌカン（火の神）を仕立てるかどうかを思案している若い夫婦がいた。すでに家を建てた友人からは「次男だから無くてもかまわないのでは」と言われたり、「一家の主《あるじ》になったからは、仕立てるべきだ」という両親の意見もあって、思案していた。

　沖縄では、旧暦の十二月二十四日はウガンブトゥチ（御願解き）とよばれ、火の神が昇天し、その家の一年間の出来事を天の神に報告する日といわれている。屋敷願いをし、ヒヌカン周辺の「すす」を払って屋敷を清め、一年間の感謝をして、天の神に「いいことだけを報告してください、来る年も一家にとって良い年でありますように」と祈りを捧げるとされている。すすは、その年の悪事を書きつづったメモらしい。すす払いは、証拠隠滅だという説話もあるから、面白い。

　ところで、昨今、家庭のキッチンの主流になってきたＩＨクッキングヒーター。「火のないところに煙は立たぬ」という格言があるが、ＩＨクッキングヒーターは煙が立たないから、子どもにすすの説明をするのも窮してしまう。

　そのすすの元となる煙だが「ちんぬくじゅうしい」という沖縄のわらべうたがある（作詞：朝　比呂志）。

アンマー　たむのをー　きぶとんど
きぶしぬ　きぶさぬ　涙ソーソー

　さて、その「きぶし」とは、煙のことである。筆者の郷里の大先輩・宮城信勇氏の著書『石垣方言辞典』によれば、家・所帯を数える単位の「戸」や「軒」は「キブリュ」とある。またその「キブリュ」は「煙」の意味。また「暮らし」や「生計」にも使うと記されている。

　遠い昔、八重山の人々は、かまどから立ち上る煙を見て、ピトゥキブリュ（一戸）、フタキブリュ（二戸）と家を数えたのだろう。まさに煙＝所帯であるあることが実感できる。

先ほどの新築の折に悩んでいた若夫妻だが、次男だから三男だからヒヌカンは不要、長男だけがヒヌカンもつべきだという考え方はどうだろうか。

狭小な土地に親子二世帯の家が増えてきた今日、同じ屋根の下に暮らす親子であろうと、兄弟であろうと所帯が異なれば、ヒヌカンは仕立てる必要があることを先人の言葉や教えに秘められている気がする。

お墓と座の暮らし

あの世のお正月に当たるのがジュールクニチ（十六日祭）である。旧暦の一月十六日に先祖の墓前で行われ、親族が重箱を広げ、サンシンを奏でて先祖とひと時を過ごす。

八重山では午後から学校もお休みとなり、今でも島々では盛大な年中行事である。

今年は久しぶりに故郷・石垣島のジュールクニチに出かけることができた。子どもの頃は、普段行かない墓の周りを友達・親戚の兄さんたちと遊ぶのが何よりの楽しみであった。今年は親戚の墓参りをしながら感じたことがあった。

行事そのものは変わらないが、子どもの頃に見た墓の様子が少々変わっていた。かつては、中庭にテントを張り、強い日差しや雨をしのいでいた。ところが、今日では墓普請の際に当初から天蓋《てんがい》を造るようだ。沖縄の墓の形態が少々違って感じられた。また、膝の不自由なお年寄りはマイ・チェア持参である。そして新築の墓に設置された中庭周囲の立派なベンチにはさらに驚かされた。

マイチェア持参で十六日祭（石垣島）

今日、住まいにバリアフリーの考えが当然のように浸透し、墓の形態まで変化してきている。しかしこの快適な暮らしに慣れすぎて若い時から座の機会が少なくなっている気がする。膝の屈伸が減ることで高齢者になって、膝の障害が増えてきているのではないだろうか。

子どもの頃、一緒に暮らしていた祖父母は、座の生活が中心で椅子の印象が記憶にない。そろそろ将来の健康のため、座の暮らしを見直す必要性を祖父母の眠る墓前で感じた。

風土と建築

クバの葉を樹木の幹に結び、葉枝をつたった雨水を地面に落ちる前にカメに溜めている。この光景を沖縄の離島で幾度か目にしたことがある。

沖縄は、年間降水量約二〇〇〇ミリと比較的雨が多い。その割に大きな川がない。そのせいで、我々の先人は、雨水を文字通り「命の水」として大切にしてきたのである。

何年か前に、韓国の済州島を訪ねたことがある。ある集落を歩いていて、木の根元にカメを置くという沖縄同様の光景を目にした。

一五世紀中頃、済州島の人々が沖縄に漂着し、島々を伝って済州島まで戻された歴史がある。しかし、その折にこの文化の交流があったとは考えにくい。では、何故同じような光景が双方の島々で見られるのか。

沖縄に大きな川が出来にくいわけは、島々が隆起石灰岩で出来ているからだ。琉球石灰岩は、数万年以上前に海中の珊瑚や貝殻が堆積してできている。気孔性の珊瑚で出来た島ゆえに、降った雨は地面に浸透し、大きな川がない。それを裏付けるような言葉がある。「うるま」の「うる」は珊瑚や砂という意味、「ま」は島の意味である。実際、宮古島あたりでは「砂川」のことを「うるか」と呼んでいる。つまり、「うるま」は「珊瑚の島」ということである。

では、済州島も「珊瑚の島」かと言うと、そうではない。済州大学に民俗学を指導している友人がいる。済州島を呼ぶ別称があるかを尋ねてみたら、期待通りで感激した。済州

済州島

石垣島（撮影：潮平正道氏）

島は別名で「ハサンソム」と呼ばれているというのだ。「ハサン」とは「火山」のこと、「ソム」は「島」のことを言うという。つまり、「火山の島」というのだ。

島のほとんどは玄武岩で覆われ、珊瑚と同様に気孔が多く、水が地に浸透し、島には沖縄同様大きな川があまり存在しない。

また、民家の屋根の形も似ている。沖縄は赤瓦の寄棟づくり、一方、済州島では茅を縄できつめに締め付けた寄棟づくりである。

済州島は、冬は島の中心にある一九五〇メートルのハンラ山から吹きおろす北風、夏は韓国最大の台風襲来地である。強い風から建物を守るために、両地域は同じ屋根形態をしているのである。いわゆる両島の気候・風土が似たところに文化の類似性が生まれたのであろう。

「風土」という言葉は、英語でclimateと訳す。ギリシャ語の「傾き」が語源だと言われている。太陽光の傾きが近い地域には、似た文化が生まれているのではないだろうか。

赤瓦屋根の景観

最近、沖縄の景観について考えさせられることが多い。

二年ほど前に、国は景観法という法律を成立させた。所得倍増の時代は去り、時は環境破壊を危惧し、先人から受け継がれた各地域独特の魅力的な景観資源を、いかに残し後世をつなげていくかに関心は移った。

全国の自治体でもその取り組みに積極的に乗り出してきた。そのような自治体を「景観行政団体」とよんでいる。沖縄では県、石垣市、浦添市が名乗りをあげている。

そこで問題になるのが規制のことである。建築物、工作物などの景観を損ねるような形・色、そして高さなど、さまざまな規制の網がかぶさることになる。

その基準・規制で最も気になることのひとつに、屋根の形状意匠に赤瓦を推奨していることがある。屋根の勾配から材質の沖縄本瓦まで細かに指定している。ところが不思議なことに、その区域の建物の高さの上限を一〇メートルとしている。実に妙である。

沖縄の伝統家屋は平屋造りが基本、人間の見上げるスケールにもバランスよくマッチする。しかし最高高さ一〇メートルともなると、住宅では三階建ても可能となる。この高さの建築に赤瓦をのせて、はたして景観が美しいのであろうか。あるいはその瓦屋根はどこか

赤瓦の屋根が美しい竹富島の集落

ら見えると言えようか。

竹富島のように白いサンゴ砂に琉球石灰岩の石積みの屋敷囲い、そして木造の赤瓦の伝統家屋が並ぶ景観はまとまって美しい。

赤瓦の屋根を嫌いと言うわけではないが、建築は建つ地域、場所、そして時代と共に変化し多様化していくもの。統一・画一化できなくなった街に赤瓦屋根を固執することは、かえって街の景観を悪化させ不自然な街になるとも思う。

風水のはなし

新年、今年は念願のマイホームを！　と計画を立てている人も多いだろう。あるアンケートによると家づくりで気になることの順位で、ランキング上位に、風水や家相が挙がっているという。

　敷地や間取り・水周り・仏壇の位置など、最近では色・形まで話題の的になるそうだ。これらを気にすることは確かにいいことである。しかし、「吉」「凶」の根拠を理解せずに、書物や人の意見を鵜呑みにするのは少々危険である。

　一〇年以上も前、ある住まいの設計の折の出来事。施主の暮らしぶりや希望を聞き、敷地環境も調査して間取りが決まった。施主も案に、十分満足していた。そんな折、知人からフンシーミ（風水師）を紹介され、相談したという。一点だけ注文がついた。南西の角のトイレの位置が悪いというのだ。施主は間取りを気に入ったものの困惑し、設計者の筆者に相談となった。その注文に対し、トイレの位置を変えず、簡単な提案をして再度フンシーミに見てもらったところ、納得してもらい、了解を得た。その簡単な提案とは、家の南西のトイレのさらに南に小さなボイラー置き場として小屋を設けただけであった。つまり、トイレを南端にしない仕掛けにしたのだ。

　さて疑問は、フンシーミがこの些細な提案を、なぜ納得したのかである。沖縄の住まいづくりでは、南からの風、光を重視する。汲み取りのトイレが主流であった先人の暮らしでは、風上の南トイレは当然ながらタブーである。フンシーミは、その養成過程でいつしか根本的な原理の習得を風化させ、南トイレが凶の教えだけを受け継いでしまったのだ。水洗トイレで換気性能の充実した今日、トイレ位置が臭いのことで大きな問題になることはありえない。

風水や家相の考えには、本来、その成立にしっかりした論理的な根拠があった。建築技法や性能は、昔とは格段に向上している。理由根拠のない迷信等に惑わされることなく、納得できる風水を信じて住まいを造っていきたいものだ。

昔の家屋と現代の暮らし

「今年は台風が来ないね」

最近この会話がよく出る。温暖化の影響だろうか、それとも秋に大型台風がまとめて襲来するというのか。不気味な気さえする。

先日、与那国島出身の人と話す機会があって、台風に話題が及んだ。当時の与那国島の集落では家が台風で倒壊するのは毎度のことだったという。かといって台風で死者がでることもあまりなく家屋の被害にもさほど悲壮感はなかったようだ。先人は台風では家屋は壊れるものだという認識だったようだ。

被害が出ると、共同で労働奉仕をして被害家屋の修繕をしたり建て直したりした。そこに沖縄の扶助精神「結い《ゆ》」が生まれてきたのだろう。

時代とともに未成熟だった建築技術は次第に向上し、災害にも強固に耐えうるようなコンクリート造・鉄骨造に変わっていく。さらに生活が豊かになり、これまで少なかった電気製品や家財が家屋に次第に多くなってくる。そうなると財産を喪失しないように家屋は一層強固で頑丈になってきたというわけだ。

当然ながら頑丈な家屋は、コンクリートや鉄骨など重量の構造体でできている。先人の

廻りの木々に守られた竹富島の茅葺屋根

造った木造の安普請な家屋が倒壊することで命を落とすことはなったが、重量の建築になると、大きな地震や災害があれば構造体に押しつぶされ死者がでるなど大きな被害となる。建築物が丈夫になったことで逆に命を失ってしまうという皮肉なことになってしまったというわけだ。

ある年の夏、台風の去った翌日竹富島に行ったことがある。石垣島では電柱の倒壊で停電が続きポンプが作動せず、長時間断水になっていた。また、アルミサッシュやシャッターが吹き飛ばされ甚大な被害がでていた。しかし竹富島ではわずか数軒の家の赤瓦が少々飛ばされた程度であった。集落の家々はフクギに囲まれた造りで電気や水道のライフラインが単純なお陰で被害が少なかったのだ。自然の驚異から家を守る先人の知恵が今も島には生きているといえる。

自然に逆らわない先人の簡素な家の造りや暮らし方に現代人の暮らしを見直すヒントがあるような気がする。

天災は忘れた頃に……

今年も台風の季節がやってきた。「天災は忘れた頃にやってくる」とは物理学者・随筆家で知られる寺田寅彦の言葉である。

台風被害と言えば思い出すことがある。筆者の故郷の石垣島の古老から聞いた話だ。

昭和八年に八重山諸島を猛烈な台風が襲来した。「石垣島台風」と呼ばれ、古老は四才だったという。茅葺木造家屋に住んでいて、迫りくる台風を避けるため隣家の比較的丈夫な家に避難した。吹き荒れた台風も去り、自宅に戻ってみて愕然とした。眼前の我が家は跡形もなく倒壊していた。しかし、ほどなくして家が建ったという。今思うと大人たちは落胆にくれる間もなくユイマール（相互扶助）で倒壊の各家々を造ったのだろうと話していた。当時、家は台風で当然ながら壊れるもので、壊れればまた島で採れる材木や茅で安普請《やすぶしん》に造ったのだろう。しかし普段から屋根や柱壁の修繕は入念にしていたようだ。それは台風の被害を少なくするためである。

「石垣島台風」の記録が残っている。死者五名、家屋の全壊半壊含めて三〇〇〇戸、農作物も全滅し、その後、港の桟橋や学校の校舎も木造からコンクリート造に造り変えられたとある。この台風が島の建築や暮らしに影響を与えたのは間違いないようだ。八重山だけに限らず、昭和四〇年代に県内各地の建築は木造からコンクリート造に改築されている。いずれも台風が襲来の後である。

コンクリート造の建築になった後は、台風の度に住宅を造る事から解放され、暮らしは次第に豊かになり、家には電気製品、車などの家財が増えてくる。

最近、その丈夫な造りになった家のリフォームの相談を受ける事がある。設計者の目から見ると、意外にメンテナンスをしていない。台風にも耐えるような丈夫な建築になった分だけ安堵感からか、普段の防災意識が薄れているような気がする。台風後の洗車と同様に、ひさしの下やクーラーの室外機の洗浄など簡単なメンテはすべきと思う。

同時に、人間の健康診断よろしく我が家の健康診断も定期的にしておくべきである。忘れた頃に大きな被害を受けないためにも。

ゴーヤのカーテン

かれこれ一〇年が過ぎたか、ゴーヤを毎年植え始めて。五〇坪の土地に職場と住まいの併用住宅、ゆったりと家庭菜園を楽しむ土地は猫の額ほどもない。当初は、玄関アプローチの上部にパーゴラ（藤棚）を設置、頭上から下がるゴーヤは訪れる人の目を楽しませ、我が家の食卓の賑わせてくれていた。

ところが、二、三年すると、同じパーゴラに植えていたツル系の植物は木陰をつくるほどになり、小さな庭の木々も大きく成長して、ついに夏のゴーヤの居場所を占拠してしまっていた。そこで狭小な土地のゴーヤを植える場所探しがはじまった。

家の東側、隣家が迫った七〇センチのスペースにゴーヤ五株植えて壁面にネットを張ってみた。ひと夏で五〇個ほど収穫、その夏は買い物でゴーヤを手にすることは無くなっていた。人の欲は一層エスカレートするもの。さらに収穫高を上げたくなり、昨年は西隣に壁面に幅五メートル×三メートルの菜園を試みた。すると、なんと一〇〇個近く採れ、職場のスタッフや近所にも配って回った。

さて、いよいよ今年の挑戦。今のところ運よく西隣地は貸駐車場、しばらく隣地に家が経つ気配はない。これ幸いと、我が家の窓を被うようにネットを隣家に接する長さ一五メートル、高さ三メートルの壁面をゴーヤ菜園としてみた。その面積は去年の三倍、取らぬ狸の皮算用でいけば三〇〇個の収穫となるのか。

窓を覆ったゴーヤで西日をカット（上：外観、下：内観）

しかし何よりも感激は、西日で悩まされていた窓面のこと。これまで午後となるとカーテンを閉め切りクーラーをつけていた。今年は、カーテンで西日対策をする必要はない、緑のゴーヤがカーテンの代わりをしてくれているからだ。そして上階のクーラーの室外機を壁面に設置、その排水をポリタンクに集めて、その水をゴーヤに与えている。

沖縄も密集地となると、菜園を楽しむ空間などほとんどない。しかし工夫次第では壁面緑化で、通りの人の目を楽しませ、また無農薬のゴーヤは家族の口にも優しい。夏の長時間差し込む西日は強烈、嫌われ者の西日も少々の仕掛けでゴーヤ菜園の適所となるようだ。

冷房排水の有効活用

この時期になると気になるのが、新聞の片隅に掲載されるダムの貯水率。ここ一〇年ほど、自宅周りの空地やベランダでゴーヤなど家庭菜園を毎年楽しんでいる。住宅の設計の折には、施主には率先して菜園を推奨していることもあり、水の確保がやはり気になる。家庭菜園がまだブームになる以前は、水道水で細々と野菜作りをしていた。しかし、水不足の夏、節水を心がける時期に水道水の水やりは、近所の目線が気になる。こんな経験は、筆者だけではないだろう。やはり、天の恵みの雨水を少しでもでも溜めたくなる。

住宅の基礎部分を利用して地下に雨水タンクを設置する計画をしたことがある。しかしローコストを意識した住まいでは、断念することもしばしば。何とかステンレスのタンクの設置場所が確保されて、予算的にも捻出できれば幸い。しかし、工事費や設置場所等、現実には厳しいのが現実である。

そこで、最近は住宅の完成時に施主が素焼きの大き目の水ガメを設置できるように、樋の形態を設計上考慮している。四～五千円程度のカメである。屋根から下る樋三～四カ所の下にカメを設置すれば、結果的にその周りには草花や菜園のプランターが自然に増えてきて、目で草花を楽しめ、野菜の収穫と共に二重の楽しみとなる。また、住まいの設計でも、必要最低限の散水栓の設置となり、少々の建築工事費のローコストにもつながる。

しかし問題は渇水時期である。雨が降らなくては水がめも何の役にも立たない。それで

冷房排水を活用してゴーヤづくり

冷房の室外機から出るドレイン（排水）のしずくの下に二〇リットルのポリタンクを置いてみた。なんと一晩で満タンになった。普段は、何気なく地面に浸透や側溝に流し捨てているドレインだが、活用の道があるのではないかと思った。可能な限り冷房に頼らない涼しい家の設計をしていても、盛夏の熱帯夜では冷房には頼らざるを得ない。五〜六百円で手に入るポリタンクに貯水し、緑化・家庭菜園の散水にすれば、かなりの有効資源になる。

今や、食の安全を気になる時代性から家庭菜園が流行っている。建築時に大きな予算をかける水タンクではなく、樋の下の水ガメや冷房のドレインを有効活用してみたらどうだろう。気軽に誰もが出来るローコストなエコこそ、本来のエコだと思っている。

採れないゴーヤ

那覇の市街地に職場兼自宅がある。その自宅の道路向いに、ぽつりと一五〇坪ほどの空き地がある。時々、草刈をしているようだが、最近は人の背を越すほどの草、ギンネムなど雑木が生い茂っている。

　近隣の人によるとネズミが出没し、そのうちハブが出てくるのでは、と不安がっていた。

　これは一大事と、筆者が市役所の担当部署に問い合わせた。土地の所有者は特定できたのだが連絡が取れないとの事、半月ほど過ぎたが、いまだ荒地状態。役所の担当者は電話口で「私的財産につき、草木一本も伐採しないでください」と。

　私的財産と言えば、自宅隣家の方が植えたゴーヤが、筆者宅との境界のフェンスを越えて緑豊かに茂り始めている。よくよく見ると小さなゴーヤの実がついている。隣家主は、ゴーヤの存在に気が付いているのだろうか。もうじき収穫のころになれば採る権利は隣家主か、筆者か、悩んでいた。

我が家に入り込んで実ったゴーヤ

法的根拠を少々調べてみた。民法二三三条によると「隣家の竹木の根が境界線を越えて我が家の敷地に侵入した際にはその枝を切っていい」とある。それが地上の枝などとなると話は違うようだ。勝手に切ることはできない「隣家の方に切ることを依頼することができると」ある。地中と地上では少々事情が違うようだ。

ところで、隣家との境界線上の問題は、工事中の現場ではよくありがち。その都度丁寧に双方で協議が必要である。勝手に工事をしてしまうと後々問題が起きてしまう。隣に住む人は選択ができない、縁あって隣り合わせで住む事がほとんど。また工事中に空地の隣家を使わせて頂くことも多い、隣家とは子子孫孫と長い付き合いになるのである。それゆえ、工事の関係者でゴミや空き缶にいたるまで細やかな気づかいをするようにしている。

さて、フェンスを越えて実ったゴーヤ、連日眺めていると、実に大きく立派に成長して収穫の時期になった。先日、その実りのいいゴーヤを眺めていたら、隣家の方が、ちょうど帰宅して会うことがあった。事情を説明して、了解をえて、こちら側から収穫しゴーヤの主に手渡した。夕食の食卓には、美味しいゴーヤチャンプルーが食卓を賑わしたのだろうな。

地球の賞味期限

話題のハイブリットカーに乗っている。マイカーの車検整備等の代車である。なるほど、乗ってみると次世代の車として脚光を浴びているわけが実感できる。このところの急激なガソリンの高騰を冷笑するように抜群の低燃費。それにエンストかと思わせるほどの低騒音低振動。何より感激は、排気ガスがほとんど無いことだ。バックで車庫入れ時に車庫にこもる臭気などとは無縁。まさにエコカーの最先端といえよう。現在、自動車メーカー各社が開発にしのぎを削っているというから、一層の低価格を期待したい。

さてエコといえば、一二年ほど前「海んちゅの家」なる住まいを設計したことがある。そこは那覇新都心に隣接した住宅密集の古い集落にあった。

築三〇年の中古住宅を建て替えで、住まいを訪ねて驚いたのは、敷地内の古井戸からポンプアップされたきれいな水が効果的に活かされていることだ。庭先の緑地への散水、洗車、トイレ・洗濯用水まで、飲料水以外の生活水として活用していた。

しかし最近になって集落内の井戸が次第に枯れ始めてきているとのこと。気になって原因を調べてみたら、この地域一帯の水源が新都心であることがわかった。急ピッチで進む新都心の開発で舗装床面が増え、地下への浸透水が減ってきたことが原因というのだ。

「海んちゅの家」では、敷地内の床面のコンクリート舗装をほとんどなくし雨水が浸透するようにし、住まいで井戸水を限りなく活用した。

車が街に増え、浸透性のない道路・敷地内の舗装面が増えれば、いずれ井戸は枯れる。また道路側溝から流れ出る濁り水で、島の近海を汚してしまうことになる。海んちゅである施主の小さな環境への配慮が、魚場である海を汚さないことになる。

この設計コンセプトが評価され、第二八回日本建築士会連合会会員作品展で優秀賞(二〇〇〇年)を頂いた。

街でエコカーが主流になれば、大気汚染や

CO_2排出の大幅な削減につながる。そして個人レベルの環境を思う小さな努力が波紋を広げ、これがひいては地球規模のエコになるのではないだろうか。

地球にも賞味期限があることを我々は忘れてはならない。

涼しく開放的な中庭空間
(第28回日本建築士会連合会会員作品展・優秀賞 /2000年)

全国住まいのリフォームコンクール受賞（2008 年）

島の建材を多用した玄関・石垣島の家

子どもたちが伸び伸びと遊べる庭先

全国住まいのリフォームコンクール受賞（2009 年）

三原聖ペテロ聖パウロ教会　模型（2016 年完成予定）

真っ青な空に白いウェイブスカイラインが印象的

八重山童憧抄

停電の思い出

小・中・高校と石垣島で過ごした。島内の新川という古い農村集落で育った。

二〇分ほど歩くと小学校に着く。車の往来の少ない裏通りを自分の通学路と決めていた。少々にぎやかな表通りと異なり、フクギと石積みに囲まれた静かな島らしい雰囲気の裏通りが好きだからだ。その頃は赤瓦屋根の家が多く、所々に茅葺の家が残っていた。

大きな台風の去った翌日の通学路は、飛ばされた赤瓦の破片、折れた木々が通学路をふさいでいた。無残にも倒壊した茅葺家の残がいがいまでも記憶に残っている。台風後の集落の変わりように、子どもながら自然の恐ろしさを感じたものだ。

その気持ちと逆に、子どもにとって台風接近は、なんとも心ウキウキであった。今思うと不謹慎である。大人の心配をよそに「暴風警報」の広報をひそかに心待ちにしていた。台風で学校が休みになる嬉しさは、今の子どもたちも同様であろう。いつの時代も子ども心は変わらない。変わったものと言えば、今はほとんどなくなった台風の停電である。

暗闇でろうそくをともす暮らし。祖父母・両親そして兄弟で円卓を囲み、ろうそくの下でトランプをして遊んだ。食事など少々不自由だが、その不便さが妙に新鮮で、いつもは体験できない生活が楽しかった。

ろうそくの下では勉強もできない。何日も

この楽しい日が続いて欲しかった。

ある夜、暗闇から親の声。なんと「掛け算九九を言ってみなさい」である。さすがにまいった。

今でも台風になると、闇夜の掛け算九九暗唱が頭に浮かぶ。

メジロ籠の思い出

小学校四年生の頃の話。

その頃の子どもの遊びと言えば、今日のようなゲームなど当然ながら無くて、野山を駆け廻ったり、手作りで色々なモノを作って遊んだ。

特に夢中になっていたのがメジロを飼うこと。現在では保護鳥のメジロを飼うことは、法律が制定される以前から飼っていた例外を除いて禁じられている。


籠《かご》を自分で作るところから始めた。籠作りがクラスではやっていて友達同士で競うように出来栄えを見せ合った。竹ヒゴを手に入れて長さをそろえて切る。そして上下の枠にキリで穴を開けて竹ヒゴを通す。完成まで二～三ヶ月くらい時間を要したかもしれない。そしてやっと完成、その喜びは今でも記憶に残っている。

さて、肝心のメジロである。メジロを捕まえるには、オトリのメジロ一羽が必要。パッタイと呼んでいた落とし籠で仕掛けて捕まえるか、鳥モチで捕まるしかない。いずれも小学生には至難の業。

父に頼んで、自作の籠を携えて小鳥屋さんに出かけて一羽買ってもらった。夜になると、自分の部屋に持ち込んで、籠の上から布を覆い蚊に刺されないように大切に飼っていた。

ある朝、目覚めると、メジロ籠が部屋に見当たらない。父親が部屋から持ち出して縁側の物干しに吊るしてあった。寝ぼけまなこで、よくよく見ると、なんと籠の中にはメジロの姿が無い。泣きべそをかきながら勝手にメジロを持ち出した父親に抗議した。

原因は、竹ヒゴが細く弱くて、その隙間からメジロが逃げ出したのだ。父親がビニールヒモで細い竹ヒゴを固定して、何とか逃げ出さない籠にしてくれた。そして再度小鳥屋さんに出かけて一羽買ってくれた。

苦戦し努力して作った念願のメジロ籠、そして手に入れたメジロを逃がしてしまった経験。この事で、モノづくりは丁寧で完璧にしないととんだ結果になることを学んだのかもしれない。

メジロ籠の他には、高学年になると鳩小屋を作ったり、ウサギ小屋を作ったりした覚えがある。今日ではペットの家は手軽に手に入る時代。当時も売っていたかもしれないが、石垣島の我が家では高価で買うことなど出来なかった。自宅で飼ったペットの家は、すべて自分の手作りだった記憶がある。

今は、人間さまの家の設計の仕事にしている。幼い頃の影響もあるのだろうか。

馬盗人とスローライフ

もう四〇年ほど前の石垣島での出来事。もう時効だと思うが、筆者が小学校五年生のころのこと。

今は街にはゲームセンター、自宅でもパソコンゲームなど子どもの遊びは豊富にある。当時の子どもの家の中の遊びはほとんど記憶にない。逆に戸外では何でも遊び道具にしていた、なかでも大人が困るような遊びは特に楽しかった。

当時、筆者の育った農村集落では農耕用の馬を飼っている家が何軒かあった。

ある農家の主は作業の合間に集落のはずれの木陰に馬を休ませているのを知っていた。いとこ三名の少年達はその馬を遊び道具にしたのだ。

当初はひとつ年上のいとこ兄が手綱を持つ役目、ひとつ年下のいとこを真ん中に、そして筆者は後方、三名で近くの川原脇の土手道の乗馬を楽しんだ。

慣れてくると、それぞれ一人で馬にまたぎ何度も駆けた。夕方には馬の主が来るのを知っていて、それまでに馬を元の場所に戻しておいた。

馬は汗かきの動物らしく、休ませたはずの馬がいつも汗をかいていることに不思議に思った主は、ある日から休ませる場所を変えてしまった。その日以来、しばらく続いた少年達の「楽しい乗馬クラブ」はなくなってしまった。

昨今の原油の高騰で車依存の暮らし方が次第に変わってきている。街で、徒歩で買い物をする人、また自転車に乗った人を最近よく見かける。外国の農園では農作業のトラクターを馬に切り替えているという。労働力を馬や牛の家畜を活用するようになっているようだ。「歴史は繰り返す」の言葉通り、今日の我々の暮らしもいつの日か、馬で通勤とか、移動の交通手段も馬車を利用という時代がくるのか。

利便性や効率追求のスピードドライフの石油エネルギー依存の生活から、健康的でスローライフのエコロジカルな先人の暮らしを見直す時期に来ているような気がする。

海砂と少年のいたずら

県内の分譲マンションの廊下が先日崩落した。その原因が工事の施工方法や使用されていた砂・砂利そしてセメント量など、建築材料の品質が話題の的になっている。

たしかＪＩＳ規格が適用され、生コン工場が県内で出来たのが昭和四七年の祖国復帰以降。とすれば、筆者の少年の頃育った石垣島には生コン工場は存在しなかっただろう。

当時、住宅建築現場は、工事の目印のように生コンの資材の砂や砂利が高々と積み上げられていた。高い山は少年にとって絶好の遊び場であった。ウイークデイは作業の大人がいて、この山で遊ぶと怒鳴られる。休日しか遊べないのである。

山は二種類あって、海砂と砂利の枝サンゴの山である、枝サンゴは滑り降りる際に手足を擦りむいて怪我をすることを知っていて、白く粒の小さい海砂の山を選んで遊んだ。

幾度もすべり降りていると、山は丘になり、次第に平地になっていく。ところが、少年達にとっては、この後が遊びの本領である。子どもの手で掘れる程の二〇〜三〇センチの穴を掘り、その上に丁寧に数本の竹を格子状に並べて、最後にそーっと新聞紙を置いて、砂を掛ければ立派な落とし穴が完成する。休日明け、現場の大人の驚きや憤慨の光景は、想像通りである。

今日では、生コンは工場でセメント、砂、砂利、水などが定量的に計測されて、一定時間内に現場で流し込まれている。また現場の型枠、鉄筋の施工技術の水準も当時と比べものにならないくらいに向上し、その検査基準も厳格になっている。その結果、建築構造体は格段に丈夫になった。

その当時、今日のようにゲームセンターや家庭内で遊べるゲームなどはない。広々とした公園さえほとんどなかった。少々危険な工事現場は、子どもにとって絶好の遊び場であった。そして現場の職人の仕事を見るのは、何にも増して楽しみであった。

現場の生コン練りとか左官屋さんのコテさばき、タイル屋さんのタイルの積み上げ、大工さんの巧みなノミ、カンナさばきなど、子どもの目に、職人は魔法使いにみえて興味深かった記憶がある。

そんな真剣な小さなまなざしがあったからこそ、少年達の砂山や落とし穴のいたずらも許せてもらっていたような気がする。

建築設計との出会い

小学六年生の頃、自宅の隣に親戚の兄が住んでいた。兄は中学を卒業するや、石垣島を離れ沖縄本島の高校の建築科に進学した。

その年の夏、休みを利用して帰省していた。机の上には教科書が積まれていた。見慣れぬ書物への好奇心から兄の留守の間に書物をちょっとのぞいてみた。びっしり描かれた複雑な線に目が釘づけ、家を造るにはこのような図面を描くのか。小学六年生の少年には相当な驚きであった。

そして夏休みの間、兄の家に幾度も通った。図やイラストの多い書物を選んで貸してもらい連日読みふけった。その夏は図ばかりを眺めていた記憶が今も残っている。

そして、中学に進むと、技術・家庭科という小学校にはない新しい科目があった。手にした教科書にも図面があり、去った夏を思い出してわくわくした。教科書には木製のスツール椅子の平面図、側面図、断面図が描かれていた。授業ではその図面を模写し実際に木材を加工し完成させることが課題であった。

完成を想像すると胸が高鳴った。しかし授業の冒頭、何を考えたのか自分は別のことをしていた。ノートに教科書の図を見て、完成した状態の椅子の図、いわゆる完成予想図をスケッチしていたのである。椅子の完成を待てず、スケッチ上で作り上げて見たかったのだろう。お陰でその後、普通高校から東京の大学に進み建築を学ぶことができた。

この夏、旧盆で島に帰った。兄の家の仏壇に手を合わせに寄った。気がついたら兄の娘に小学六年の夏の思い出を話していた。兄は別の事情から、今は設計関係の仕事はしていない。

好奇心旺盛な幼年期の夏の出来事がなければ、今は建築家になっていないだろう。人、書物との出会いは生涯の仕事との出会いにもなると思った今年の夏だった。

「野底マーペー」考

正月休みに石垣島に帰省した。久々に島の北西部から北側の平久保崎までドライブした。途中、先端のとがった特徴的な山、「野底マーペー」が目に入った。この山には悲恋の物語が伝わっている。

今から二五〇年余昔の話。当時、八重山の島々は人口が増え耕作地が不足していた。首里王府は人口調整のために離島から強制移住させせて村建て計画をした。その頃、離島の黒島にカニムイという働き者の青年とマーペーという器量のいい娘が住んでいた。二人は将来を約束した仲であった。王府は石垣島の野底村に強制移住を命令。カニムイは島に、マーペーは野底へ、まるでなま木を裂くように別れさせられた。恋仲の二人は島に残れるように、あるいは二人で野底へ移してくれるように哀願した。しかし役人の命令は絶対で受け入れられなかった。

野底にひとり移住させせられたマーペーは、恋人の住む黒島を一目見たさに二〇二メートルの野底岳に登った。しかし山の頂きの向こうには、県内最高峰五二五メートルの於茂登岳がそびえ、黒島の島影すら見えなかった。落胆し悲しみのあまりマーペーは石になってしまった。これが物語のあらましである。

少々余談を付け加えれば、この悲恋を歌った八重山民謡が「つぃんだら節」、そして昭和五二年頃に関口宏が作詞し、小柳ルミ子が歌った歌謡曲が「星の砂」である。

さて今、石垣島は新石垣空港建設で活気にあふれている。同時に島の美しい海や山などの自然に魅せられた団塊の世代の移住者で島の中心地、さらに人里はなれた場所には住居やアパート群が目につき始めている。

かつて、王府の命令で強制移住させせられたマーペーとは違い、今日の移住は自己判断。美しい自然を眺めて暮らせる反面、毎年襲ってくる台風の脅威や生活上のリスクは都会の人々にはなかなか理解ができない事多い。島の新境地で暮らすにはある程度覚悟と目的意識が必要であろう。

八重山の名の通り、山並みが連なる緑の中にぽつぽと建ち始めている白い人工物が、後の時代に無残なコンクリート残骸にならないようにと、祈るような気持ちで美しい野底マーペーを眺めていた。

『竹富島』 自然体のコミュニティ

二〇数年ぶりになろうか、竹富島の種子取祭を観る機会があった。当時は神前に設けられた舞台を観客が一重二重に取り囲むように、こじんまりと祭りが繰り広がれていた記憶がある。最近では少々大げさに言えば、この日だけは島が沈むのではないかと思えるほどの観客。六〇〇年の歴史があると言われる祭りは九日間行われ、奉納芸能が演じられる最後の二日にピークを迎える。

世持御嶽の神前に設けられた舞台の最も近くには島の古老、その後方には祭りに帰ってきた子や孫、その後方には大勢の観光客や若者が立ち見状態である。そしてカメラアングルの的確なポジションに陣取っているのが報道陣。二〇～三〇センチはあろうか舞台をねらう望遠レンズの列が後方に目についた。神奉納の舞台を中心に放射状に広がる観客の秩序が整然と守られている光景に島の法則を感じた。

ところで島の観光客は年々増える一方。種子取祭は舞台と観客の一体の臨場感で活きた芸能空間を感じることができる。この雰囲気が、島に旅人をひきつける魅力になっているに違いない。

魅力といえば、以前にも島で自然体の活きたコミュニティを感じたことがある。

竹富島は母の出身地ということもあり、幼

い頃から島に行く機会があった。小学校の高学年のころであろうか、島に住む祖父の後を追って幼い弟と三人でギンネムの林に入ったことがある。放し飼いのヤギに牧草の餌を与えるためであった。しかし目的のヤギはしばらく見当たらなかった。ところが祖父の「メー、メー」の声にどこからともなく一〇頭ほどの親子のヤギが次第に集まってきた光景をみた経験がある。

それから時が経ち、今から七年ほど前のこと。まちなみ保存の記念シンポジュウムにパネラーとして参加する機会があった。島にゆかりの建築家として誘いをうけたのであった。

スライドの準備のために一五分ほど早めに会場に着き、ほどなくセッティングを終え客席を見てがく然とした。観客が一人もいないのである。ところが開演五分前を知らせる島内放送のマイクを持った公民館長の落ち着いた呼びかけに島民が次第に集り、開演時にはなんと客席が満席になっていた。

ヤギと島の人々を同列に書く無礼千万は十分承知している。しかし島民とヤギの密接な暮らし、わずか五分もあれば集会の呼びかけが可能なネットワーク。島の自然体なコミュニティの魅力に大きな驚きと感動を覚えた瞬間であった。シンポジュウムの冒頭にこの感激を披露した記憶がある。

島には悠久の文化があり、それが島の魅力になっている。琉球の数ある島々にもまだ魅力的な時空間があるに違いない。しかし、その魅力も島の法則を守ってこそ残るような気がする。

正月飾りの思い出

年の瀬になると、思い出す事がある。筆者の育った石垣島の家は、木造赤瓦平屋の造り。一番座、二番座を東側・南側から庭が取り囲むつくりになっていた。この時期になると、真っ白な海砂が家の門近くに運び込まれる。その砂を先ほどの東庭、南庭に敷く作業を小学校低学年のころから手伝った覚えがある。

最近、ある文献を読んでいたら、白い砂を庭先に蒔く風習の由来を知ることができた。かつて首里城では「米蒔《よねじ》」と称して御庭に白砂をまいたという。慶賀を意味し、これが県内の地方へも波及したのだろうとあった。なるほど、それで石垣島あたりでも古い集落の家々でこのような光景を目にしたと分かった。

さて正月飾りである。その代表格はしめ縄、主に玄関先に飾っていた。そのしめ縄も今日の様に、スーパーで手に入れる事はなかった。各家々で祖父母から親や孫まで総出の手作りであった。藁《わら》を叩く力のいる作業は父親が、柔らかくなった藁を締りのいい形に整えるのは、経験の長い祖父が、そして孫の筆者は、しめ縄に取り付ける色紙に切り貼りが担当であった。

まだ中学生で祖国復帰の頃と思う、ヤマトゥ文化の影響もあり、門松を目にすることがあった。門松作りにトライしたくなった。家にある小さ目のバケツに砂を入れて家の片隅にある竹を切って差し込み、松の葉は無いのでモクマオウの葉で代用した。飾り付けの色紙づくりは手馴れていた。かくしてできた我が家初の門松であったが、今思うと明らかに子供の作ったとわかる幼稚な門松であっただろうが中学生の筆者にとっては憧れの門松は自信作に思えた。今では、自宅兼職場では自作とはならず、安易に購入した門松で新年を迎えている。しかし玄関先のドアに吊るす正月飾りは百円ショップでも手に入る安価なものに色紙などの飾りに少々手を加えてわが家らしい正月飾りをここ数年作っている。

筆者宅の門松

門松をはじめ、正月飾りには飾りを目印に福をもたらす様がやってくるとされている。新鮮な気持ちで神を迎える思いは、小さな試みでも達成できるような気がしている。

うだつが上がらない

建築関する用語には、本来の建築専門用語から変化して普段の生活用語として使われている言葉が意外に多い。

「うだつが上がらない」という言葉がある。故事ことわざ辞典をひも解くと「いつまで経っても出世しない、生活が向上しないことのたとえ。また、身分がぱっとしない、幸せになれないこと」とある。

「うだつ」とは、本来建築用語で屋根の隣家に接する部分に天高く立ち上がった防火壁の事。立身出世して財をなし、蔵を造るほどになると、隣家からの延焼を避けるため防火壁

うだつ（中国・烏鎮）

を造ったというのである。当時の人々は、その防火壁の大きさや立派な具合を互いに競ったのかもしれない。

同じような用語はほかにもある。

五月に伊勢神宮をお参りする機会があった。内宮の鳥居をくぐる前に、五十鈴川を渡る宇治橋がある。橋の脇に木製の杭が水面に打ち込まれている光景が目に入った。同行の面々で話題になった、この杭は何のためにあるのかである。川下側にはなく川上側にのみある。それが存在意義に関係あるのではないかとなった。帰ってきて、調べてみたら面白いことがわかった。

その杭は「木《き》除《よ》け杭」と呼ばれ、『柵』と書いて「しがらみ」と読むというのだ。水上から色々な向きで流れてくる流木の類を川と並行に向きを変えさせ川を支える柱への衝撃を無くすのが目的という。

「柵」を今日では「さく」と読むのが一般的。しかし、古い読み方では「しがらみ」と読み、転じて今日では「人とのしがらみ」とか「世間とのしがらみ」の言葉が生まれたというのだ。川に設置された衝撃防止のために杭にしがらみつく様から、今日使われている言葉が生まれたのだろうと思うと実に興味深い。

さて、もう一つだけ紹介しよう。同じ、伊

勢神宮に出かけて知った言葉がある。伊勢神宮では、お祓いの札を入れておく箱のことを「お祓い箱」と呼び、その中の札は毎年新しい札に取り替えられたという。それが転じて不要になったものを捨てる事を「お払い箱」と言うようになったらしい。

木除け杭（伊勢神宮）

普段聞きなれた言葉の本来の意味を探ると言葉の意外なルーツにたどりつくことがある。特に建築用語には数々ある。建築が古来より人の暮らしに関連が深く時の流れと共に言葉も変容変化してきたことが実感できる。

少年の夢と家づくり

最近は、十三祝いを学校で行うことが多いらしい。先日の日曜日、末娘の通う学校でも開催されて出かけた。吹奏楽、かぎやで風、エイサーなどの演舞や餅つきなど、PTA主催の手作りで温かみのあるお祝いであった。地域のコミュニティが希薄になった今日、地域・学校・親で子どもの成長を祝福することは、文化の継承と育った地域への愛着も含め意義深く大切だと思った。

会の中で『夢語り』と称して、一人ずつ自分の将来の夢をスピーチするシーンがあった。マイクを持ち、少々緊張気味に一三歳の子ども達が自分の将来像を語るのである。弟と二人でラーメン屋になっておいしいラーメンを皆に食べさせたい男の子。パテシエになりたいというお菓子好きな女の子。今はまだ決めていないので大人になるまでには決めます、と愉快なメッセージで会場を笑わせていた。

そして印象深かったのが、将来プロ野球選手やサッカー選手になりたいという少年らしい夢が多かったことだ。その中で一流スポーツ選手になって、「家」を親にプレゼントしたいという少年が数名かいた。

『功成り名遂げる』という言葉がある。立派な仕事をして名声をあげるという意味だが、単純にスポーツ選手へのあこがれだけではなく、名声をあげるような立派なプレイヤーになり、財を築き親に「家」という究極のプレゼントをしたいというのだ。

筆者自身の幼いころ、功を成し育ててくれた親への感謝で「家」を建てるなど夢描いただろうかと思ってみたが、想像できなかった。おそらく当時は家を建てることは周りをみても憧れや夢にはならないほど当たり前であったのだろう。

今日では家を建てることは、やはり夢になってしまうのか。しかし少年にはその夢があるからこそ、職業への目標も大きく膨らみ、功を成す努力をする気がする。子どもたちの夢を形にする仕事にたずさわる喜びを感じた十三祝いであった。

街を綺麗に

年末恒例の自宅・職場の大掃除をした。その際に感じた「街の美化」について書いてみたい。

住まい・職場も日頃から、処分するモノ・残すモノを整理しておけば、一年間広々と快適に過ごせたものを、と清掃片づけを終えると、毎年この時期は後悔しきり。

屋内の作業や自宅庭先の木々や草花の剪定も一段落して、道路を挟んだ向いの空き地が気になりだしてきた。自宅の敷地がこざっぱりしたので周りが気になりだしたのだろう。そこは五、六〇センチほどの草むら、その中のゴミが目に入った、気付いたら草むらに足を踏み入れて、ゴミを拾いだしていた。清涼飲料水の缶、瓶、ペットボトル、弁当ガラ、お菓子の袋等々。二、三種の分別の袋を準備して、小一時間ほどゴミ拾いをしてしまった。

ゴミひとつ落ちていない、東京駅前

ゴミと言えば思い出すことがある。

高校まで石垣島で過ごし、大学進学のために東京で暮らすことになった。初めて見る大都会の東京は、田舎者には驚きの連続であった。その驚きのひとつに街のきれいさがある。歩道・車道は当然ながら駅のホームや公園に至るまで煙草の吸殻一つ落ちていない。驚きというより感激に近かった記憶がある。街がきれいだから捨てることが罪深い気持ちになるだろうと思った。同時にポイ捨ての習慣がほとんどないようにも感じられた。

さらに国家的に美化に努めていることで知られている国にシンガポールがある。

空港に着陸の際、チューインガムを機内で処分するようにアナウンスがあってびっくりしたことがある。街でチューインガムをポイ捨てすると罰金が科せられるのである。

歩きながらのポイ捨て、車窓からの投げ捨て、一つ二つゴミが目につくと、ひと月もすると不思議と何倍ものゴミがそこに増えだす。心無い人が安易にゴミを捨て始め、まるでそこはゴミ置き場と化す。

「沖縄を綺麗に」は、英語でKeep Okinawa beautifulと訳す。Keepには「〜に保つ」と訳することが多い。街も一度汚れだすと、とめどなくゴミの山となる。綺麗にするには「保つこと」が重要で、ゴミは一つでも捨てない、見つけたら拾うという習慣を身につけることが大切だろうと年の初めに感じている。

穴の話

エスキモー系の民族にイヌイットと呼ばれて氷雪地域に住む人たちがいる。彼らは、我々が「白」と呼んでいる色を何種類もの細かな色に呼び分けているという。それは、彼らの生活・文化にとって氷や雪の色を区別する必要があって、それに対応した言葉が用いられているのである。また、中東あたりでは、羊やラクダも成長過程で呼び方が違うというから興味深い。

地域の言葉を探るとその地の歴史・価値観そして文化が理解できることは、よく知られている。沖縄の先人も、言葉を使い分けていたようだ。標準語では、「穴」を普通に鼻の穴とか、耳の穴と呼ぶのが一般的。

幼いころに、祖父母や親たちが話していた方言を少々思い出すと、確かに生活の中で「○○の穴」とは呼ばずに、固有の言葉(方言)で表現していたような気がして、筆者の故郷の大先輩の宮城信勇氏の著書『石垣方言辞典』をひも解いてみた。

書によると、洞穴のような大きな穴を「ガマ」、人為的に人が掘った穴を「アーナ」と呼ぶとある。野山など自然の中にある穴を「ア

水を呑む穴(竹富島)

ブ」、針の穴のような小さな穴は「ミー」と呼ぶと記してある。「野山に踏み入ったらアブに気をつけろよ」とし、決して「アーナに気をつけろ」と方言では表現しないのである。アブは自然にできた穴だから、どこにあるかわからないから気をつけろと言うのだ。

八重山地方だけかと思いきや、豊富な地下水で有名な宮古島では、野や畑の所々に、周りを石で囲んだ穴を見かけたことがある。地表面に降った雨が地下に浸透する穴である。地元に人に聞いてみたら「ミズヌムアブ」(水呑むアブ) と呼んでいるという。結局、自然に出来た穴だから「アブ」と呼んでいるのは共通していると言えよう。

我々沖縄の先人もイヌイットや中東の人々も、言葉を分化させ特化させて使い分けることで、その地域を独特の地域文化を形成していることがわかる。

ちなみに、住まいを造る際に掘る穴は、アブではなくアーナである。地域の文化は掘れば掘るほど深さがわかる、たかが穴とあなどるなかれ、と洒落てみるか。

風景にとけこむ建築

新年、石垣島に住んでいる高校の恩師から年賀状を頂いた。色とりどりの花の写真がちりばめられていた。

小さな文字で「石垣島の花です。みんな素敵です」と書かれている。その文字と対照的に「みんなちがって、みんないい」と太目の文字もあった。

少々興味深い年賀状である。それは島で咲いた季節の綺麗な花の数々であるが、花の美しさを単純に伝えているだけとは思えない。

すでに定年をむかえた恩師は島で生まれ育った教え子へ「自分の個性を生かして人生を生きて欲しい」との思いを込めたのだろうと感じた。よくよく見ると、その下に丁寧な肉筆でメッセージが記されていた。「風景にとけこみながらも個性的な作品を作って下さい」とあった。

石垣島は今、バブルの絶頂にある。すでに風景に馴染まない唐突なアパート、リゾートホテルが林立してきている。奇抜な色彩、形態の目立つ建築も、個性と言えば個性かも知れない。しかし恩師の言うみんな違った建築だが、みんないい。そして風景にとけこんでいるかが、最も問われる。

現在、前面道路に四〇メートル接する歯科医院を石垣島に建築中である。設計から手がけ、監理チェックのために月に幾度か島に通っている。道路の向こうは公園、広々とした開放性が好評で市民に親しまれている。その広大な公園に向かい大きく両手を広げるように建築は建つ。緑化された中庭、印象的な形の屋根の建築は、もうすぐ外部足場が解かれ、その全貌が姿を現す。さて、まわりの風景にとけこんだ個性的な建築になるであろうか。恩師の自宅からほど近くに建っていて、よく目にするという。

年賀状の文末に「歯科医院の完成を楽しみにしています」としめられていた。

警備中

在りし日の久茂地公民館（沖縄少年会館）▶

建物の保存を求める人々

閉館した久茂地公民館を覗く少年

大志を抱かせた建築

年の瀬の新聞紙面で久茂地公民館存廃の記事が目に飛び込んだ。

この建築は、筆者の中学生の頃の思い出深い建築。また今の自分の職業への道に影響を与えてくれた建築でもある。

筆者の育った石垣島の中学校では、当時の修学旅行先が沖縄本島であった。北部ヤンバルから南部の戦跡や議会議場の公共施設、新聞社本社を大型バスで移動しながら見学したことを覚えている。

その旅行の宿泊場所が、現在の久茂地公民館。当時は沖縄少年会館と呼ばれていた。一階ロビーは天井の高い吹き抜けになっていて、たしか赤いベルベットのソファが並べられ、大型のテレビが設置されていた。中学生の少年少女はその大型画面を食い入るように見ていた。上階の何層かは宿泊フロアになっていて、その昇降は当時珍しいエレベータであった。子ども達はわれ先に幾度も乗って遊んだ。

興味深かったのが階段である。先ほどのエレベータの周りを取り囲むようにらせん状になっていて、回転しながらステップを踏みしめて昇降する。この不思議な階段は刺激的で感激した。最上階に上がるとドーム型のプラネタリウムがある。背の傾斜する椅子に腰かけ、映し出される美しい満天の星空や解説に耳を傾けていると、宇宙や天文への好奇心がひろがった。

この建築の中でも特に印象深いのが、エントランス右のコンクリート製のオブジェである。まるで天を突き刺すように強く高くそびえるその形に圧倒された。

それから二〇数年して、このオブジェの意味を知ることになった。東京で学生・就職時代を過ごし沖縄に戻ってきて間もまく、この建築の設計を担当した氏に出会った。オブジェは札幌農学校の教頭だったクラーク博士の言葉「Boys, be ambitious（少年よ、大志を抱け）」をコンセプトに設計したという。当時の設計者の想いや教育関係者の沖縄の子ども達への教育の情熱を聞かせて頂き、一層感激した。

今、この建築が老朽化や維持管費用を理由に存亡の危機にある。先人の想いの詰まった「文化」は、一度失うと金で買い戻せるものではない。沖縄からまたひとつ文化施設が消えないためにも、この建築の存続を願ってやまない。

後世に残すべきは

ベルギーに友人がいる。佐敷出身のウチナーンチュだが、いま、奥さんの出身の国に住んでいる。

ベルギーで最も驚いたことは、一五～一六世紀に建てられた建築が現役の市庁舎として活用されているというのだ。その建築は世界遺産にも登録されていて、その中で働く職員達は特別なことをしている顔でもなく、普通に勤めていてびっくりしたという。

ベルギーに来た当初、街中にレンガ造りの家の多いことを不思議に思い、現地の人に尋ねたという。「ベルギーでは、家はレンガ造りにしないといけない義務があるのですか？」 現地の人は、間髪入れずに応えてきた。

「ベルギー人はレンガをひとつ持って母親のお腹の中から、この世に生まれ出てくるのです。マイホームを持つことが人生の夢であり目標である。一つひとつレンガを積み重ねるように一生懸命働いて貯蓄をし、念願のレンガ造りの家を手に入れる」

それで、先ほどの市庁舎のような公共建築でも、先人が苦労して建てた貴重な建築は簡単には壊せないという。建物を大切にする説得力ある姿勢に、感激してしまう。

一年半ほど前から、四月末に閉館した久茂地公民館（旧沖縄少年会館）の保存・再生活動に携わっている。この建物は、戦後復興期一九六六年に「沖縄子どもを守る会」が母体となり、全国からの多額の支援金で完成した。当時、全国的にも珍しかったプラネタリウムや可動の鉄道模型がある最新鋭の科学館であった。また離島からの修学旅行の宿泊施設でもあり、エレベータも当時目新しく、多くの沖縄の子ども達に夢と希望を与えた施設であったのは間違いない。

閉館の日、関係者や少年会館を懐かしがる当時の少年少女達で満杯となっていた。沖縄の戦後復興期にこの建築の果たした役割には、枚挙にいとまが無い。

ベルギーでも、今リフォーム・リノベーションの一大ブームになっている。解体・撤去の理由として説明しやすい「老朽化」という単純な理屈だけで先人の残した建築文化を失う時代は海外ではすでに終えんを迎えている。

沖縄では、後世に残すべきかどうかの議論

を深めず解体した建物が数あり、今は見ることができない。保存賛否の議論やその方法も含めて多くの人々で検討すべきだと思う。一度失った建築遺産は、レプリカでは、後世の人々に与える感動や度合も変わるはずだ。

文化的建築のゆくえ

昭和を代表する女優の一人に田中絹代という人がいる。彼女の出身地である山口県下関に業績を顕彰した「田中絹代ぶんか館」という建物がある。

この建物は大正一三年、旧逓信省下関電信局電話課庁舎として完成した建築をリフォームしたもの。大正末期から昭和にかけて全国に建てられた同様な建築は、高さを強調する直線と曲線の窓などシンプルでモダンなデザインに特徴がある。これはヨーロッパの新建築運動に影響を受けた建物である。この建築が建った大正末期は、女性が社会進出をし始めた頃で、電話局に勤める女性電話交換手は花形の職業であった。建物には、オルガンや読書の出来る休憩所のほか裁縫を習う訓練室や蓄音機の置かれた休憩室もあって女性の教育と福利厚生を備えた建築であったようだ。

ほぼ五〇年間、電話局庁舎として使用されたこの建築は、昭和四四年に下関市の所有となり福祉センターとして活用されていた。しかし、平成五年に老朽化を理由に下関市は解体撤去を決定した。ところが、建築の歴史的価値から保存を求める市民の声が上がり、下関市はいったん決めた解体を保存へ方針を転換したのだ。

平成一四年には下関市有形文化財に指定し

「下関市近代先人顕彰館」として保存の整備基本計画を策定して、平成二二年に田中絹代ぶんか館として開館したのである。

沖縄にもこれに似た建築がある。今年四月に閉館している久茂地公民館。この建築は昭和四一年、沖縄の子どもの劣悪な教育環境を憂いた「沖縄子どもを守る会」が主体となり全国からの集まった四八万ドル（当時一億七〇〇〇万）の浄財で建築された。県内の離島から来る子ども達の修学旅行の宿泊場所やプラネタリウム・天体望遠鏡を備えた最先端の科学館として子ども達に夢と希望を与えた建築であった。沖縄少年会館として全県的に活用され、その後は那覇市に譲渡されて久茂地公民館として市民に利用されてきた。そして、那覇市は老朽化を理由に、来年早々に解体撤去を予定している。

築八八年の先人が築いた建築をリニューアルし市営ぶんか館として観光客や市民に利用・活用されている下関の建築。一方、築四四年でまだまだ活用の可能性のある建物を解体予定の那覇の建築。建物の歩んできた歴史や文化的価値は類似しているが、相違点は半分の年数で解体してしまうこと。

かつての立法院、武徳殿も今は見ることはできない。いづれ沖縄は文化的な近代建築の存在しない地域になってしまうのだろうか。

建築は街の記憶装置

久茂地公民館が、ついに解体撤去されてしまった。

筆者も保存を模索し、二年半ほど活用の道を県内外の人々に訴えてきた。しかし、その想いは多くの人々には届かず、昨年九月の那覇市議会は解体撤去を決めてしまった。

保存を望む有志で座り込みまでしたが、行政はスクラムを組む強制的な手法で解体工事に着手してしまった。市民に納得の行く説明をし民主的な方法で解体工事を進めるべきだったのではないかと、いまだにその行政手続きには疑問を感じてならない。

基礎解体の時期に差し掛かった、ひと月ほど前の日曜日、その現場を訪ねてみた。警備員が昼夜交代で警備にあたっていた。入り口から覗くと「久茂地公民館」の看板が無残にも放置され、重機に踏みつぶされかけていた。

警備員にせめて建築の一部の看板だけでも持ち帰っていいかと尋ねたら、自分の一存では決められないと断られた。保存を訴える市民グループのメーリングリストに写真を投稿したら、メンバーの一人が、解体工事業者に掛け合ってくれて危機一髪、今は自治会長の手もと取り戻せた。

それから半月ほどした日曜日、もう一度現場に行ってみた。

すっかり解体され、更地になった状況をしばらく呆然として眺めていた。同時に不思議な気持ちになってしまった。少年会館が建っていた状況が、目に浮かばない。現実の姿が目に飛び込んでこの地に少年会館があったことすら夢であったような気持ちになってしまった。現実があまりにも強烈すぎて自分の記憶すら消えかけてしまったのである。人間は何故、家族や友人との写真を大切にするのだろうか。その時の人のつながりや思い出を大切にしていたいからではないだろうか。

公共建築は、街の中の文化的な記憶装置として、多くの人の共有の知的財産であるはず。老朽化だけの理由で解体撤去すべきではないということを先日、復原が終わり、戦災前の姿によみがえった東京駅舎は、物語っていると思う。

奉安殿という建築

「奉安殿《ほうあんでん》」という建物を知っている人も少なくなった。この建物は、戦前天皇・皇后の御真影と教育勅語を安置する施設として建てられた。内部は、総ヒノキ仕上げで安置棚が設置。戦時中は各学校の児童・職員は登下校の際には奉安殿に向かい最敬礼し、国家の主な行事には拝賀式が行われたという。

沖縄では、全国的にも早く設置され一八八七年（明治二〇年）に沖縄県師範学校に設置されている。その後、県内の各学校に次々と建てられた。現在、国内でも残っている例は少ないようだ。県内では三カ所残っている。沖縄市旧美里国民学校、本部町の旧謝花国民学校、そして写真は石垣市の指定文化財の奉安殿。そこは、現存の奉安殿の中でもかなり保存状態がいいと言われている。現在の登野城小学校（旧登野城国民学校）の正門近くに建っていて、一九三一年（昭和六年）に完成した建築である。正面左右の門柱は奉安殿とは直接関係無く当時の学校校門にあった門柱を移設したようだ。

先日、石垣島に旧盆帰省の折に訪ねてみた。思った以上に、保存状態もよく、外観は石造建築物に見える。しかし、近寄ってみると、正面の鉄扉は腐食し劣化が激しいもの

保存状態のいい奉安殿（石垣島・登野城小学校）

の、八〇年前に建造された建築とは思えないほどの頑丈な建築物という印象を覚えた。外壁の破損部分から石造ではなくコンクリート造りであることがわかった。

さらに調べてみると、コンクリート造

ヴォール型屋根の上に、天皇家の菊の紋章、その下の額壁面の皇室紋章の桐葉紋様のレリーフが外壁と共に寒水石の洗い出し仕上げがほどこされていることを知った。全体的に洋風の建築意匠で精巧・賢固に建造されている。食料に事欠く当時のご時勢、昭和初期の沖縄の建築技術の高さと、この建造物へ想いの深さをあらためて感じた。

筆者が通っていた石垣島の別の小学校にも奉安殿が存在していたことを記憶している。しかし、現在は解体撤去され見ることはできない。校舎改築のためのようだ。このような歴史的戦争遺産が、まだ県内各地には数多く存在するはずだ。平和教育教材として、先人の建築技術文化のレベルの高さを知る語り部として、今日生きる我々は、後世の人々のために、その保存に努力すべきではないだろうか。

建物の保存と文化遺産

先日、広島に出かける機会があって原爆ドームを訪ねた。朝からあいにくの雨である。路面電車に揺られ、車窓から広島の街を眺めながら原爆ドームの建つ平和記念公園に降り立った。運よく雨も上がり、原爆ドームに近づくと、学生時代に訪ねた時と少々様子が違っていて一瞬驚いた。

建物の足元にはガレキが散らばり、焼け跡

の残る黒ずんだ外壁は、被爆当時の状況を今日に伝えていた。その外壁を囲むように、なぜか工事用の足場が張りめぐらされている。被爆前の状態に復元するのか、それとも解体の準備なのだろうか、いろいろと考えながらドームに近寄った。

原爆ドームは、チェコの建築家ヤン・レッツェルの設計で、一九一五年に完成している。ネオ・バロック的な骨格に、ゼツェションン風の細かな装飾を施された建築だったと言われている。落成当時は、広島物産陳列館として活用されていた。人類史上初の原子爆弾による惨禍を後世に伝え、核兵器の廃絶と恒久平和の誓いのシンボルとして平成八年に世界遺産に登録されている。

先ほどの建築用足場のわけが立て看板に書いてあった。「原爆ドーム健全度調査」とあった。原爆ドームのひび割れ状態や沈下量などを調べて、建物の健全度を調査してるいという。建造物は一度被害を受けると劣化や倒壊等が一層進んでしまう。この貴重な調査は、歴史の証人を風化させまいとする広島の人々の強い想いが伝わる。さらに感激したのは、この調査が世界遺産に登録される以前の平成四年から三年おきに広島市が予算をつけて定期的に行っていて、今回で六度目になるということである。

先日、沖縄では国の重要文化財に指定されている壷屋の「東《アガリ》ヌ窯《カマ》」が崩壊した。県内で唯一現存する伝統的な陶工住宅の窯で、歴史的な価値も高かったはずだ。今後復元の準備もあると報じられていた。崩壊した文化財の復元には莫大な費用と時間を要する。

我々は、世界遺産登録された広島の原爆

ドームの維持・管理の仕方や建物への思いに学ぶべきことが多いのではないだろうか。

工場跡地が森になった

名古屋に所用で出かけた。名古屋駅周辺は、ここ数年の間に超高層のビルや個性的なビル群が増えている。駅から一五分ほど歩くと超高層建築の光景は、五～六階の建築が並ぶ街へと変わり、住居表示の「則武」の文字が目についた。

日本の陶器の歴史で筆頭に上げられる陶器ブランド「ノリタケ」は、発祥の地であるこの則武に由来する。工場の移設に伴い、四万五〇〇〇平方メートルの広大な跡地と工場建築を残しながら「ノリタケの森」は、入場無料で訪れる人々に開放している。

ノリタケは明治時代に日本最初の陶磁器の会社として創設された。当時のレンガ造の工場建築は時代の変遷の中で幾度も改築や修繕が加えられ、近年まで永く使われていたそうだ。森の中のレンガ造の工場を記念館やギャラリーに用途を変えて凛として今も建ってい る。建物の間の路地空間や敷地中心に向かう一直線の通路は、緑とレンガ色がマッチしていて、ヨーロッパの街と錯覚するほどである。

森のほぼ中央に、直径二メートル高さ一〇メートルほどの円筒形のオブジェが六本建っている。これは工場の煙突跡で当時は四五メートルの高さで名古屋のランドマークにもなっていたという。上部を切り落とし足元のレンガ造の煙道と共にオブジェとして見事に残してあった。訪ねた時期が冬とあって、這うツタは葉を落としていたが、夏には緑の筒が夜景に映えるに違いない。

敷地中央の芝生の広場を取り囲むように工場の一部解体の際に発生したレンガが積み上げてあった。その壁面に文字入りの白いノリタケ製の陶器皿が一枚ずつ横一直線に並べられている。よくよく見ると、陶器皿には「ノリタケの森基金」の賛同者の名前が書き連ねられ、この森や建物への愛着がうかがえた。筆者も事務局を訪ね基金の申し込みをしてきた。近年、このような広大な土地は通り一遍の再開発となり、複合ビルや商業施設になることが多い。結果、文化的建造物は排除・解体される運命にある。

ノリタケの森では、新しい建築を可能な限り建設せず、産業遺構の工場の形跡を随所に残しながら森・広場として人々に開放している。

この地を訪ね、文化的遺産を後世に残す時代がきていることをあらためて感じた。

防災意識の重要さ

世界中を震撼させた東日本大震災から一年が経った。残念ながら多くの犠牲者が出た地域、犠牲者が少なかった地域、その明暗を分けたのが、日頃の防災意識であったことが次第にわかってきた。その教訓を考えてみたい。

岩手県大船渡市の海岸沿いに越喜来《おきらい》小学校という公立の学校がある。海から二〇〇メートルの距離にある三階建ての校舎は津波に襲われ学校は完全に水没。しかし児童生徒七一名は全員避難して助かった。この人命救助の裏に大船渡市のある一人の市議会議員の防災意識への進言の功績がある。

この議員は、震災の起きる三年前、津波が来た時に備え小学校に一つの避難通路の設置を議会に求めていた。従来の避難経路は生徒全員が一階の昇降口に一旦下りて、高台の避難所に続く七〇メートルの坂を駆け上がることになっていた。しかし津波の襲来となった場合、この経路では避難に時間を要し過ぎると考え、校舎二階から直接安全な道路に出る経路の確保を議員は要請したのである。粘り強い働きかけで、震災前年の一一月に四〇〇〇万円をかけて津波避難用通路を設置。そのお陰で今回の難を逃れることができた。しかし無念なことにこの議員は、震災の九日前に病気で亡くなっている。

ところで、那覇市内の公立小中学は、災害時の防災拠点になっている。最近、この学校の老朽化が問題視されている。「新沖縄子どもを守る会」会員の建築士数名で、公立学校の校舎を見て廻った。外観・教室内部の目視チェックで、建築の主要構造部である柱や梁《はり》の致命傷ともいえる断面欠損が全校舎のほぼ五〇パーセントもあった。人間であれば、心臓やじん臓・肝臓にもあたる主要構造部の断面欠損は、もう建築構造物とは呼べないほどの状態にある。

また、学校・病院建築など不特定多数の人が使用する特殊建築物は、建物が健全な状態にすべく、建築物の「定期報告」が義務づけされている。しかし那覇市は、特定行政庁の緩和処置を利用し、検査を行っていなかったことを認めている。

「天災は忘れた頃にやってくる」の格言通り、周りが海に囲まれた沖縄は、地震や津波に対して、他の地域以上に普段からの防災意識を高く持つべきであると思う。

民間の一任意団体が調査したことで発覚した今回の学校建築の老朽化。市長、市議会そして行政担当部局は施設全体を見直して、市民の安心安全を十分確保・担保すべきだと思う。

「備えあれば憂い無し」を一層真剣に考える時期に来ている。

記憶と記録の貴重さ

東日本大震災で父親を失い、母親と祖母、そして生後八か月の長男三名がゆくえ不明の女性が、インターネットの交流サイトでアルバムなど家族の思い出探しの協力を呼びかけていた。その切実な思いに応えようと被災地に足を運ぶ人々が徐々に増え、ついに「思い出探し隊」というボランティアが発足していることが話題になっている。

台風と違い、同じ自然災害でも予測がほとんど不可能な地震や津波は、尊い命や財産を一瞬のうちに飲み込んでしまう。難を逃れ一命を取りとめた人、しかし家族を失い、震災直後からのガレキの中から家族を探す人々がいた。行方や手がかりを探しながら、家族の写真、卒業証書、ランドセルなど家族の思い出の品々を探す人が多かったという。

ボランティアの中に大手のカメラ会社が入ってくれて、泥まみれの写真を一枚一枚丁寧に洗浄しているのが印象に残っている。

写真といえば、沖縄でも夏休みに入った最初の日曜日に、久茂地小学校で恒例の夏祭りが開催されていた。グラウンドの周りに張られたテントには、カレー屋さん、ヤキトリ屋さん、金魚すくいの店が軒を並べていた。グランドに設営の舞台では鮮やかな衣装をまとった子ども達が、エイサーを踊っていた。

その夏祭りに参加させてもらい、体育館に久茂地地域の昔懐かしい写真展を有志のボランティアで開催した。久茂地界隈のお店や企業、そして個人の方々、行政から提供して頂いた戦後間もない頃から二〇年ほど前までのモノクロ写真をA３程度に引き伸ばし展示した。

祖父母や両親と写真を食い入るように眺め、写真の中に知り合いや親戚を見つけて感激している人、当時と現在の風景を重ね合わせながら、那覇の街の変わりように驚いている浴衣姿の若い女性、多くの人々に感激して頂いた。


写真を見た感想を書いてもらった。

「昔の街並みの記憶・記録が残っていることはとても素敵なことです。歴史がある場所だからこそ人々の心に残っている。私の地元は元基地なので昔の景色はわかりません。建物も新しくなり故郷という感覚がありません。久茂地って素敵ですね（二〇代、女性）」

沖縄ならではの街の変容を象徴するような感想である。

お金では買えないもの、尺度で貴重さを測れないもの。それは家族の肖像や街の記憶であると思う。デジタルカメラ等の普及した今日、気軽に撮れる写真やビデオ、人間の記憶を呼び戻してくれるのは、記録であることであり、貴重な財産であることを、この度の震災で学ばされた気がする。

伊勢神宮と式年遷宮の意義

弥次喜多道中と言えば、弥次さん喜多さん二人が厄落としに、お伊勢参りをする話。筆者が大学を卒業して勤めた東京の設計事務所の現役、OB含めて七名で東京から名古屋経由で伊勢まで「弥次喜多道中」をしてきた。

伊勢神宮の式年遷宮の意義について考えてみたい。伊勢神宮は、外宮と内宮に分かれ祀られている神も全く違う。外宮は豊受大御神、内宮は天照大御神である。昨年は両宮の二〇年に一度の式年遷宮の年。隣の更地に二〇年に一度、全く同じ社殿を造り替える神の住まいのお引越し、これがいわゆる式年殿宮である。内宮・外宮の中には本殿以外に様々の社殿が建っていて、その各社も隣合わせの更地に式年遷宮する習わしである。

不思議なのは修繕や改修ではなく、なぜ全く同じ建物の建て替えを一三〇〇年も続けているのか。新社殿隣の解体前の旧社殿を見ると、二〇年間の社殿の建築的な痛み具合が一目瞭然わかる。白木の建材や茅葺屋根など、建築物を長く維持する特殊な処理をほとんどしていない。極端な表現をすれば二〇年で朽ちる様な造りにしているのでは、とさえ感じる。

さて、式年遷宮を行う意義は、当時の人間の寿命からすると宮大工の技術や文化の伝承の期間が二〇年などと、諸説ある。筆者が強く感じたのは、批判を恐れずに言えば『神の命の永遠性』ではないかと思う。

外宮の豊受大御神は内宮の天照大御神の食事を司る神とされている。外宮では一年

樹木の中の伊勢神宮

三六五日、朝夕、食事を調理し神に捧げている。それはつまり神を生命ある者と擬人化し「食」を与え永遠の命を与えているのではないだろうか。

正殿建て替えにとどまらず、神のまとう衣装である御装束、正殿の装飾類や器物などの神宝まですべて新調するのである。食事を毎日捧げ、「衣・住」を新調し二〇年に一度神の若返りをもって、永遠の命を宿した神にしているのではと思えた。

命あるもの、形ある建築物もいつかは、朽ち果て失せていく。神を擬人化し生き物同様に扱い、二〇年ですべてを若返らせることで永遠の命と未来永劫変わらぬ神への信仰心を伊勢神宮は伝えている様に感じる旅だった。

街全体が美術館

五月の連休、青森県十和田市を訪ねた。震災の影響でひと月延びた大学生の娘の引越しを兼ねた、みちのくの街・建築を見る旅でもあった。タイミングよく桜が満開に咲きほこっていた。あいにく曇天・雨天で青空には恵まれなかったが、五月とは言え、さすがに本州最北端、ダウンジャケットは手放せなかった。

十和田市は、かつての五千円札の肖像画にもなった新渡戸稲造の祖父が開拓し発達した町である。戦前は旧陸軍軍馬補充部があったことから、市役所や消防署などが並ぶ官庁街の通りは別名「駒街道」とも呼ばれている。アートを拠点にしたこの通り、街を活性化させ、大成功している。成功の秘訣など、通りを歩いて感じたことを紹介してみたい。

昨今の国や県の組織合理化で、かつての官庁街通りは空き地が増えてきたという。十和田市は、空き地を取得し公園やイベントなどの出来る公的な場としての生かし方を模索し、通りのほぼ中央に現代美術館をつくることにしたのである。

美術館といえば、閉じた空間で静かに作品を鑑賞するのが一般的。この美術館は、展示室の外壁を取り払ったように大きなガラス張りが歩道に飛び出し、歩道の人々から自由に展示物が見える。まさに歩道の所々に展示室があるという感じだ。外部の作品も含め海外のアーティスト二一名の作品群がダイナミックにプレゼンテーションされていて、各展示空間を天井高の低いガラス張りの回廊が巡ら

桜並木の下も展示空間、十和田市現代美術館

されているのだ。

通りの歩道は、幅員が約一一メートルとゆったりしている。歩道の美術館側は、満開の桜と凛としたケヤキの木々が並ぶ、一方の車道側は力強くどっしりとした深緑の松の並木になっている。歩道床に目をやると、かつて使っていた馬の蹄鉄がリズミカルに敷きこまれているから驚かせる。また、馬に関する様々なオブジェや桜の木々を写しこむステンレス製のストリートファニチャーも歩行者の目を楽しませている。さらに通りにつながる商店街は、空き店舗を巧みに活用し、市の予算で展示空間として通り・街全体が美術館という感じであった。

沖縄にも、かつて賑わった通りが空洞化してきている。その街の魅力・個性を引き出して、民間と行政で街を楽しむという姿勢があれば斬新な街の活性化が実現できることを実感した。

再生した五八年前のピアノ

「みちのくの小京都」と呼ばれる秋田県角館《かくのだて》を五月の連休を利用して訪ねた。

角館は中世末期、芦沢盛安によって創建された街である。その後、佐竹氏によって一一代にわたり二〇〇年間支配が続いたと言われている。初代の義隣と二代目義明の妻が公家出身ということもあり、京文化が色濃く残っていて、城下町・宿場町としてこの地域の政治、経済、文化の中心地となった。京都の生活や文化を取り入れた名残があり小倉山、花場山そして鴨川などの地名が地図で今も目につく。

角館のもう一つの特徴が武家屋敷である。約七〇〇メートルの通りに石黒家、青柳家、河原田家、小野田家、そして映画「たそがれ清兵衛」の撮影でも使われた岩崎家、松本家の六つの屋敷が建ち並んでいる。そして北側は武家住居地区、南側には商人住居になっていて古都の面影を今に残している。それぞれの家の屋敷を囲っている黒板塀、重厚な門にその家の格式を感じる。これは屋敷が武士の生活の場であると同時に一つの城郭の考えに基づいて造られたという。一般の町人が住んでいる地域とは明らかに町のつくりが違う。屋敷庭には小さな祠や、室内からの視線を意識して配された高木、低木など室内外の連続した考えが随所に感じられた。

角館の地元の工芸品に樺細工がある。ヤマザクラの皮を利用して茶筒などの工芸品を見

ヤマザクラの皮を張り付けてよみがえった古いピアノ（秋田県・角館）

事に作っている。そこで工芸を一層魅力的にした素晴らしい話を耳にした。地元の小学校で半世紀に渡り児童に親しまれていた古ピアノが廃棄処分になっていた。ところが市民の有志が資金を募り、地元の特産品である樺細工を施して見事に再生したということを通り歩いていて、たまたま聞きつけた。

ピアノが設置されていたのは、平福記念美術館（大江宏設計）。あいにく閉館五時が過ぎていて一度は入館をあきらめたのだが、職員に事情を話し、沖縄から来た旨を伝えたら、何とかピアノを見せて頂くことが叶った。翌日にピアノ演奏を控えた演奏者が練習をしていたが、見て触れることができた。

このピアノは一九五四年のヤマハ製のピアノで引っかき傷や塗装が剥れて外観上は老朽化が進んでいたという。二〇〇八年、体育館の物置で廃棄を待つピアノをふびんに思った当時の女性の校長先生が地元の音楽教室を開く女性に相談を持ちかけたのがきっかけとなり、地元の樺細工職人や調律師らのボランティアのお陰で「世界にたった一つのピアノ」として見事に再生したという。

耳にした音は五八年経ったピアノとは思えないくらい優雅で華やかな響きで、実に感激した。最近は、地元の演奏家や東京など都会から来る音楽家にコンサートで活用されているという。

地域の工芸と廃棄予定のピアノの再生、それが角館の地域の特徴・魅力になり、結果的に観光にも貢献しているこの話。我々沖縄でも、十分参考になるのではないだろうか。

杜の都と建築

広瀬川　流れる岸辺
想い出はかえらず
早瀬　おどる光に
ゆれていた　君のひとみ

「青葉城恋唄」は、昭和五三年にシンガーソングライター・さとう宗幸が歌ってヒットした曲である。五月の連休を利用して四月に大学入学をした息子の住む仙台を家族で訪ねた。仙台は、伊達六二万石の城下町で杜の都の名の通り歴史と緑化を巧みに生かした街づくりが成功した都市になっていた。

一直線で青葉城跡につながり、街の背骨になっている青葉通り、その青葉城の外堀の

ように ゆったりと流れる広瀬川から名をとった広瀬通り、「荒城の月」作詞者土井晩翠の生地に因んだ晩翠通りなど、碁盤の目状に走る通りにはこの地にゆかりのネーミングされている。

仙台は、大戦で焦土と化したが、戦後いち早く街づくりがなされたという。五〇年ほど前に街路樹として植樹された七〇〇メートルのケ

ケヤキ並木と建築が融合した街（宮城県・仙台市）

ヤキ並木は、定禅寺通りと呼ばれている。道路中央の歩道にはゆったりとしたケヤキが枝を広げ、左右に車道が接している。そこは、まるで公園のようだ。ブロンズの彫刻やベンチが設置されていて、時にはアートの展示空間にもなっている。まさに芸術と緑の融合を感じる場である。

その定禅寺通りの広大な緑あふれる並木に対峙するように仙台メディアテークが建っている。この建築は公開コンペで建った建築で伊東豊雄氏の設計である。

建物には市民ギャラリー、図書館、情報メディアのライブラリー、映像音響シアターなど最新鋭の施設が各フロアに設置されている。外壁のほとんどはガラス張りになっていて、鉄骨の柱を網目状に組み合わされた上下階を貫くチューブがメインの構造体となっている。最も特徴的なのは、フロアから透明性のあるガラス越しに通りのケヤキ並木が眼下に見おろせる。そして圧巻は、一階フロアの中央扉。天井高さの全開口が開く扉になっていた。定禅通りと、この建築が完全に一体化し、歩道から人々を見事に誘導しているのが実感できた。

建築が街の歴史や緑に完全に溶け込み、建物によって街の活気を一変させ、建物が人々に活用されている印象を強く感じた杜の都の旅であった。

奈良ホテル

一〇五年前に建てられた木造のホテルが今も現役で使われ続けている。広々とした奈良公園の中にあり、設計は辰野金吾。辰野は二〇一二年に建築当時の姿に復原して話題になった東京駅や日銀を設計した建築家である。

娘の大学院の入学式出席も兼ねて奈良を訪れ、古い建築から近代建築まで見てきた。世界最大の木造建築とされている東大寺、井上靖の小説『天平の甍』の舞台の唐招提寺、そして世界最古の木造建築の法隆寺や平城宮跡などに足を運んだ。

さて明治四二年期に建築された冒頭の「奈良ホテル」について触れてみたい。日本は日

105年前の木造建築のホテルが、現役で活用されている

露戦争に勝利し欧米列強の国々と肩を並べる時代、ほぼ同時期に完成した東京元赤坂の迎賓館に対峙し関西にも外国人を迎える施設として建築された。奈良は歴史的な場所柄であることから迎賓館の適地となったようだ。

外観はいぶし銀の瓦屋根の木造建築で丘に建つお城のようなりりしさに格調高さを感じる。総ヒノキの風除室を通り抜けフロントの前に立つと、そこは二階につながる高い吹抜け。手すりや格天井には曲線の木製の加工が随所に見られ、内装全体がアメ色に輝く木の空間に歴史の深さを実感できる。ティーラウンジでは、数名の外国人の紳士淑女がカードに興じていて一瞬外国に来たような錯覚さえ覚えた。

明治時代、西洋化を進める国策の中に辰野金吾は東京駅を純粋な西洋的な建築とし、一方奈良ホテルは西洋人を歓待するための建築として日本的な要素を取り入れた和洋折衷の建築としている。

　奈良ホテルは、建設当初の雰囲気を十分残しながら、その時々の時代性も取り入れながら幾度か改修して使い続けてきている。外国の人々からは日本の古き良き日本文化に触れられるホテルとして人気があるようだ。

　歴史的な建造物は、その空間から時空を超えた歴史感に触れるところに建築物の存在意義の一つがあるだろう。奈良ホテルは地域の歴史性を生かして建設された。その理念を今日でも維持し活用しているところがこのホテルの最大の魅力ではないかと思った。

五感で感じる保育園

　宮古島に楽しい保育園が完成した。この保育園はイタリアで生まれたモンテッソーリ教育を理念に掲げた保育をしている。

　モンテッソーリ教育は、別名「感覚教育」とも呼ばれ、一見普通の木製の玩具だが見て触れて優しい教具を活用している。子どもたちの繊細な五感をやわらかく刺激するような教具が各保育室にずらりと並ぶ。大きさ、形はもちろん、手触り、重さ、材質まで子どもたちの年齢に合わせられていて、こだわり方に子どもの教育への思慮深さを感じる。保育園の建築にも子どもたちの五感を意識させる仕掛を設計で考えた。

　まず視覚である。ピロティの柱は森の木々をイメージし、木の根の部分に鮮やかな色と

宮古島聖ヤコブ保育園・食育コーナー

りどりシートを張り巡らせて、その間の色を意識しながら、躍動的に遊んで運動機能を高める場にしている。また外部階段の壁には大小三つの穴があけ、踊り場のある一点から見ると空に舞う風船になるトリックアートの世界を造った。

次に聴覚。「もしもし電話」と称して、階段など上下空間に透明感のあるチューブをめぐらせ、上下の別の空間で音を感じることができる場を準備している。

それから触覚だが、保育園には格子状の柵が多い。ゼロ歳児は、入園から一年もすれば、柵につかまり立ちができるようになる。その際に格子の断面が円形と四角形になっていて、違う触感を手で実感できるようになっている。

そして最も魅力的な空間が、嗅覚で味覚を

イメージさせる仕掛けをしている場所。

階段の踊り場の一部に一メートルほどの空間を造った。そこの窓から見下ろすと下は厨房《ちゅうぼう》で、色とりどりの野菜や果物などの食材が並べられ、洗う、切る、きざむシーンが見える。そして煮たり炒めたりして上がる蒸気は、円形の吸気口から美味しそうな香りとなって、子どもたちの鼻に届く仕掛けになっている。この場所は「食育コーナー」と呼ばれて、子どもたちのお気に入りの場所になることが期待されている。

幼い時期に五感を感じる教育は大切で、その後の成長に大きな影響を与えると言われている。暮らしにデジタル化が叫ばれて久しい。住宅や公共建築も含め、安全面も十分考慮しながら、建築全体で五感を刺激する仕組みを建築に考える事も必要かもしれない。

魅力ある街並み

数年ほど前、ガーデンシティと呼ばれている緑の国・シンガポールを訪ねた。この国は四〇数年ほど前に緑化を意識した国づくりが始まった。その成功は、行政の並々ならぬ努力と国民の緑に対する理解や協力で達成されたのである。

シンガポールは、アジアでも屈指のＩＴ先進国である。街路樹一本一本をデータベース化し、樹木の名称、植樹年月日、過去の病歴まで管理している。そして、個人宅所有の樹木にも規制がかけられている。庭先の樹木が伸びた場合にも許可なく勝手に剪定することが禁止されている。また、建物の確認申請を受ける際、植栽計画書が義務付けられている

廻りの自然と一体に溶け込む住宅建築

ことだ。このような徹底された緑化管理のお陰で、世界に冠たる緑の国になったのである。

最近、石畳で有名な首里金城地区に足を運ぶことが多い。この地域に計画中の住宅設計のためである。この地区は行政・地域住民の長い間の議論・検討のお陰で今では、都市景観形成地域に指定されている。沖縄の伝統家屋に多用された赤瓦の家並みも見られ、石畳の路地を歩いていても風情ある街並みになりつつある。

対岸の丘からこの地域の斜面を眺める機会があった。赤瓦屋根は点在という感じで、面で広がる赤瓦にはまだ時間が要する。それより驚いたのは、建物壁面が目に付き、白色が圧倒的な面になっていたことだった。当然ながら、近い将来赤瓦の屋根の家は増えていくことが予想される。しかし、斜面の白色も同様に増え、面積的なバランスからすれば赤色より白色がはるかに多く目に入るだろう。そこで、シンガポールの事例に習うならば、各住宅は行政と共に既存樹木を管理保全し、建物の新築の折には植栽計画を提示して、積極的に敷地に樹木を増やすことをしたらいかがだろうか。茂った樹木の木陰のおかげで夏場は灼熱から壁面を守ってくれるだろうし、春先にはピンク色の桜の斜面が見事な光景になると思う。

この地区の景観は、伝統的な赤瓦屋根の誘導と同時に地形のもつ特徴を考慮してこそ個性的で魅力的な街並みになると思う。それには、行政の規制・誘導だけで達成できない。住民の積極的な緑化や街づくりへの理解・参画が重要になってくる。

シュガーホールの余韻

独立する前に、佐敷（現・南城市）のシュガーホールの建築設計の担当をした。シュガーホールは建築設計競技で建った建築である。当時、県内には音楽専用ホールの前例がなく本格的な設計に取り掛かる前に視察に出かけた。

設計スタッフ、役場の担当者で、南は広島県瀬戸田のベルカントホールから宮城県中新田町バッハホールまで列島縦断である。昼間はホールの建築的なチェック、夜はホテルの一室で夜のふけるのを忘れるほどの、侃々《けんけん》諤々《がくがく》のホール議論の旅であった。

そんなある日、運よく東京の磯崎新氏の設計のカザルスホールでピアノのソロコンサー

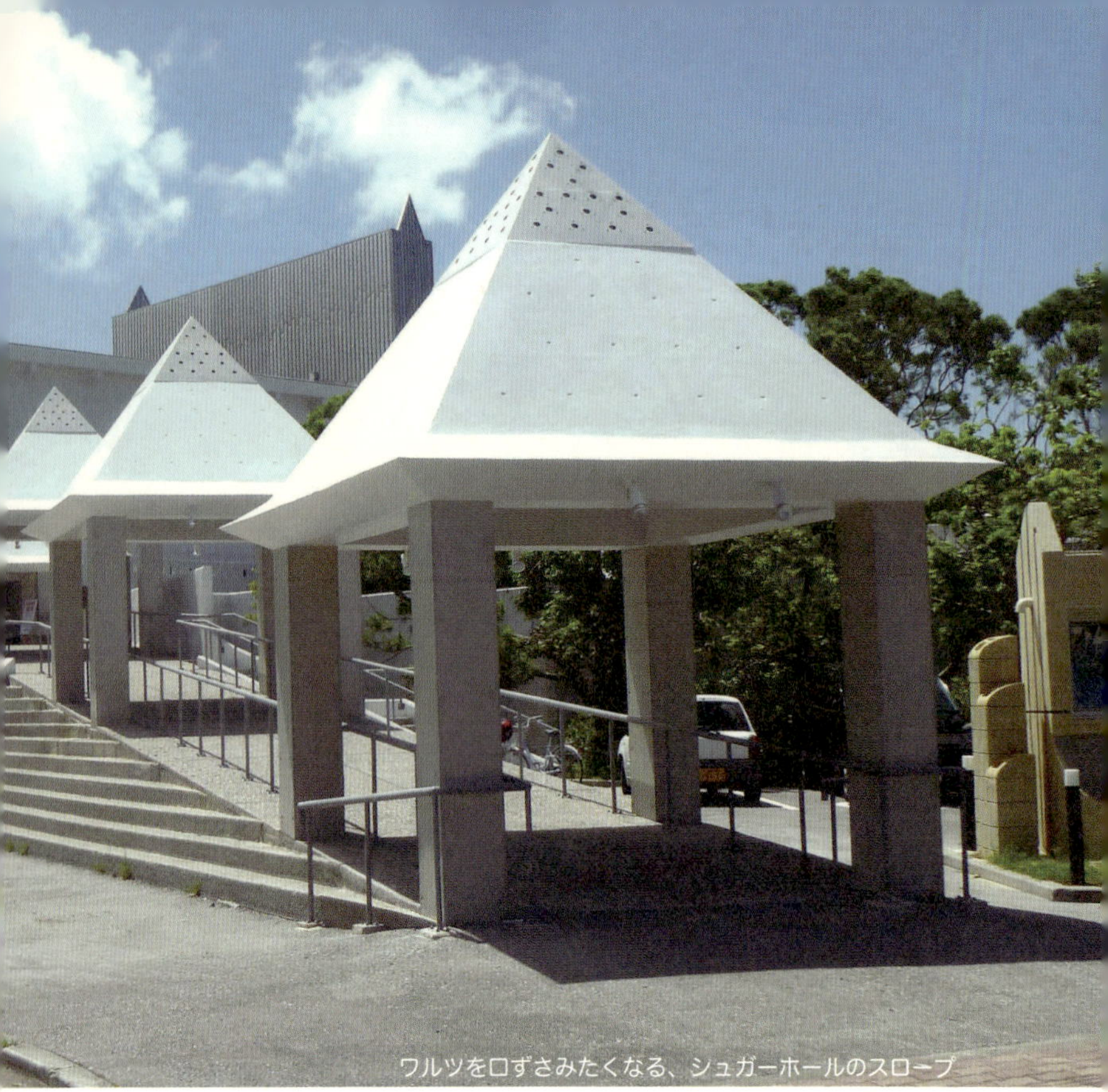
ワルツを口ずさみたくなる、シュガーホールのスロープ

トを聴く機会があり、客席で聞く音の響きをチェックすることになった。
予定された演奏がひと通り終えて、例のごとくアンコールである。二曲の演奏が終わりホールを出た。最後に聴いた曲のイントロの、明るくすこし憂愁感を漂わせたメロディがなんとも心地よかった。旅の間、メロディラインが耳元を離れなかった。
アンコール曲であることから曲名、作曲者も知るよしもない。旅から戻るや、さんざん調べてやっとわかった。ブラームス作曲ワルツ集の一曲。その時

はまるで何年かぶりに初恋の人に会えたような嬉しさであった。

音楽ホールをはじめ芸術・文化施設は、建築の中で感じた余韻を楽しむ外部空間が必要だと思う。感激したコンサートを聴き終えて建物を出て、いきなり街の雑踏となるのはあまりにも味気なく切ない。

シュガーホールは、音楽を聴き終えてホールから出ると、天井の高いホワイエ（休憩室）に出る。平面的にだ円を描いたように林立するコンクリート製の円柱が天井に突き刺さるように立つ。建物から道路に出るまでの緩やかなスロープには三つの東屋《あずまや》が連なっている。余韻を楽しむには、ほどよい外部空間である。

先日久々にシュガーホールを訪ねた。

完成したときに比べ、周りの樹木も大きく茂り一層雰囲気がよくなっていた。帰り、気がついたらスロープでワルツを口ずさんでいた。

あとがき

本書は、琉球新報に連載『共に考える住宅デザイン』（二〇〇二～五年）とタイムス住宅新聞に連載『フォトCafe』（二〇〇六～一四年）の文章を軸に若干補筆して仕上げてあります。いずれの連載も建築、特に住まいに関する欄でありますが、専門的で建築のかたい話に終始せずに沖縄の風土・暮らし・文化的な面に触れる文章で書き綴ってきました。

三〇才代の頃に歩いたアジア、特に韓国や台湾で見た地元の人々と沖縄の暮らし、その類似性や相違に興味をもち、民俗学という学問の世界に触れる事ができました。いつしか沖縄民俗学会の月例会に毎月足を運んでいました。全くの門外漢の民俗学ではありましたが、石垣島の古い農村集落・新川で生まれ育った自分にとって、民俗学は新鮮さと郷愁をそそり、肌になじみました。例会やその後の懇親会で耳にした諸先輩・先生方の言葉や考え方は、湧きいずる智の泉に身を浴する境地で居心地のいい時空間でした。建築家として民俗学を通して見た建築観、逆に建築を通して感じた民俗学がヒントになり一二年間も連載を続けられたと実感しております。民俗学会をはじめ、沖縄・八重山文化研究会、沖縄で奄美を考える会等でお知り合いになれた皆様に学恩のお礼を申し上げたいと思っております。

二〇年前アトリエ独立後、初めて仕事を頂いたリフォームの設計の仕事、同時期の新築の仕事が幸運にもいずれも全国規模のコンクールで受賞を頂くことになりました。その後の新築とリフォームの

記憶を刻む家づくり

設計の仕事が、独立後の車の両輪となり、今日まで設計の仕事に携わることができました。沖縄本島をはじめ故郷の石垣島、宮古島、久米島の離島で建築設計の機会を得る事ができました、施主の方々に深くお礼を申し上げます。

久茂地公民館（沖縄少年会館）の保存活動では、建築家の仕事が建物を創るだけではなく、いかに保存し、建築を後世につないで行くかを自問自答しながらの活動をして参りました。残念ながら、今や久茂地公民館は解体され、街で目に触れることが無くなってしまいました。この活動で建築のメンテナンスの重要さや歴史的建造物の保存の重要性を学ばせてもらいました。保存活動で出会った多くの友人・知人に感謝しております。

また、掲載写真はすべて趣味の写真を掲載致しました。ただ一枚は八重山の大先輩の潮平正道氏に提供頂きました。この写真は、筆者にとってアジアの人々の風土と暮らしを考えるきっかけになりました。

潮平氏の提供に感謝の意を表します。

タイトル『記憶を刻む家づくり』は、これまでの建築設計、民俗学、建築の保存活動そして生まれ育った八重山を通して、記憶装置である建築・住まいへの想いをタイトルにしました。

連載の機会を与えて頂いた琉球新報社、タイムス住宅新聞社の担当各位様、そして撮りためた写真のチョイスに時間を要し、ご迷惑をおかけした上、様々なご助言と本の全体構成にご尽力頂いたボーダーインクの新城和博氏に深くお礼を申し上げます。

2014年 師走　照屋寛公

照屋寛公（てるや かんこう）

1957 年　石垣島新川生まれ
1976 年　八重山高校卒業
1982 年　明治大学工学部建築学科卒業
1996 年　建築アトリエ Treppen（トレッペン）開設

【所 属】
一級建築士／日本建築学会会員／日本建築士会連合会会員

【受賞歴】
『全国住まいのリフォームコンクール』8 回受賞（1998 年～ 2014 年）・『海んちゅの家』『第 28 回日本建築士会連合会会員作品展』優秀賞（2000 年）・『古島団地建替』『第 9 回沖縄県建築士会主催設計競技』佳作（2002 年）・『パティオが結ぶ親子の家』、『第 2 回住宅建築賞』奨励賞（2003 年）・『母子未来センター』、『第 10 回沖縄県建築士会主催設計競技』優秀賞（2011 年）、『三原聖ペテロ聖パウロ教会』『日本聖公会主教座聖堂設計競技』最優秀賞（2011 年）
第 27 回 CoralWay 写真コンテスト（JTA）垂見健吾賞（2014 年）

新石垣市立八重山博物館基本構想検討委員（2013 年度～）
琉球大学建設工学科非常勤講師（2001 年～ 2006 年）
石垣市景観形成審議会委員（2007 年～ 2010 年）
沖縄民俗学会会員（監査役）・沖縄・八重山文化研究会会員
沖縄で奄美を考える会会員

建築アトリエ Treppen サイト http://www.treppen.jp

記憶を刻む家づくり
おきなわの風土を楽しむ

2015年2月21日　初版第1刷発行
2015年5月15日　第2刷発行

著　者　照屋　寛公
発行者　宮城　正勝
発行所　(有)ボーダーインク
沖縄県那覇市与儀226-3
http://www.borderink.com
tel 098-835-2777
fax 098-835-2840
印刷所　(株)東洋企画印刷

JSRAC 出 1500673-501

ISBN978-4-89982-269-1　C0052